はかどるごはん支度

料理家
高木ゑみ

幻冬舎

はじめに

私は兄が３人いる、ちょっとした大家族の中で育ちました。

兄たちは年齢がみな近かったので、ある時期は、ほぼ毎年誰かの受験や準備となり、塾や習い事などの送り迎えで母はとても忙しくしていました。また、父の仕事柄、お客様を招いてホームパーティをすることも頻繁にありました。そのような大変な時期でも、料理は必ず母が作ってくれました。

そんな母を見てきたため、私も幼少期から母を手伝い、当たり前に料理をしてきました。

それも並大抵の量ではありません。ギョーザなら２００個、おにぎりなら1升分。兄たちがＢＬＴサンドにはまったときには、１人当たり1斤ずつ作っていました。

そんな手伝いばかりでは嫌になってしまいそうですが、逆に私は年々料理にはまっていきました。大学在学中にはさまざまな料理教室に足を運んだり、厨房で修業をしたりして、卒業後には料理家になる道を選びました。

本格的にイタリアンやフレンチを学びながら、おもてなし料理のケータリングを

はじめに

得意とする師匠につき、朝から夜まで料理漬けの日々。
その後、家族の事情で一時トルコに住んでからも、現地の料理を学んだり、トルコ在住の日本人の方に料理教室を開いたり。また、家の食事も本格的な和食をはじめ世界の料理に挑戦するなど、私の生活の大部分を料理が占めていました。

しかし、その後、子どもが生まれたことで大きく生活が変わりました。赤ちゃんのころはよく眠ってくれたこともあり、料理教室を開くなど、相変わらず料理中心の生活を続けていましたが、子どもが成長するに伴いそうもしていられなくなったのです。

子どもはとにかく目が離せませんし、離させてくれません。時間も体力も気力も奪っていきます。
どんなに大変なときでも料理が大好きだった私が、料理をしなければならない状況をうらめしく感じることさえありました。

そこで120%の力を注いで100%の料理を作るそれまでの私のスタイルから、短い時間、少ない労力で、できるだけ満足のいく料理を作ることへシフトチェンジしていくことが課題となりました。

料理人は無駄をなくすことを徹底して教えられます。そのため、私の台所の収納や小物の配置などは効率的にしてありました。しかし、切実にさらなる効率を求めてみると、まだまだ改善できることがあったのです。

また、以前であれば作りおきなどはせず、食事のたびにいちから手作りをしていましたが、子どもが起きている時間はなるべく子どもと一緒に過ごすために、空いている時間にまとめて作るというスタイルを追求するようになりました。

同時に、子どもの成長に伴い、〝離乳食〟という私の料理人生の中でも初めて出会うジャンルの食事にも向き合うことになりました。そこで**味つけ前に大人の食事から取り分ける工夫をしていくうちに、作りおきでも味をつけて完成させる前の状態で止めておくというスタイルが便利**だということに気づきました。

はじめに

この本で紹介している時短スタイルは、このように**私が料理業界で身につけたことや、初めての子育てで悪戦苦闘する中、見つけてきた方法**です。

私が得意とする料理のジャンルはおもてなし料理です。子どもが生まれてからは、経験をいかして作りおきや時短的な要素を盛り込んだおもてなしをすることが増えました。すると予想以上に生徒さんがよろこんでくれて、リピートしてくれたり、お知り合いを紹介してくれたりして、いつしか「予約の取れない料理教室」と呼んでいただけるようになりました。

料理教室にたくさんの方が来てくださることはもちろん大変嬉しいことです。でも、一番に嬉しいのは、レッスン後、
「料理が楽しくなった」
と言っていただけることです。

本来、料理はとても楽しいものです。ところが、掃除、洗濯、子どものお弁当作り、もち帰った仕事と、やらなければいけないことが多すぎて、かつての私がそうなりかけたように、料理がストレスになっている人がとても多いと感じます。


料理はやらなければいけないことがたくさんあります。

まず、今日は何にしようかと頭を悩ませ、買い物をして、やっと作り始められるのです。そう考えると一日の中で実に多くの時間をそこにかけることになります。

ですから掃除や洗濯などよりも、悩みの幅が広くなるのは当たり前のこと。


「バランスのよい食事がうまくできない」

「料理に時間がかかりすぎる」

「モチベーションが下がるとなかなか動けない」

「作りおきしたいけど、時間が取れない」

「調味料や食材をあまらせて捨ててしまうことがある」

「台所をうまく片づけられない」

はじめに

料理教室に参加してくださった生徒さんに聞いてみると、このような悩みがよく挙がります。

この悩みを逆に考えると、みなさんの理想が見えてきます。

- バランスのよい食事が作れる
- 時間や手間をかけずに作りおきが用意できる
- 調味料や食材を無駄なく使いきれる
- キッチンは整理整頓されていて、いつもきれいな状態になっている
- 前向きに料理に向き合える

このような状態ではないでしょうか。

本書で目指しているのは、この理想の状態です。**料理おたくであり、プロの料理家としての技術・知識と、現役の母親としての試行錯誤の末の工夫を駆使して考え抜いたごはん支度がはかどる方法を紹介**しています。

この本に書いてあることを実践すれば、料理にかける時間は今の半分になるはずです！

浮いた時間はぜひ、ご自身のために使ってください。女性はとにかく忙しい毎日を送っています。そんな忙しい中、頑張ってごはんを作ってもその手間はあまりわかってもらえないものですし、「美味しいよ」「ありがとう」といった言葉さえかけてもらえないことも少なくありません。

そんなことを繰り返していたら、気持ちがギスギスしたり、モチベーションが下がっていくのは当たり前。

自分へのご褒美の時間を取ってください。趣味の時間にあてたり、ただダラダラして過ごすというのもよいでしょう。

そうすると気持ちに余裕ができて、笑顔が戻ってきます。**あなたが笑顔になると家の中は明るくなり、笑顔で作ると、料理はもっと美味しくなります。**

家族が言ってくれなくても、ＳＮＳにあげられるような映える料理でなくても、あなたが「いいね！」と思えること。それが最高の料理なのです。

次に台所に立つあなたが、明日のあなたが、もっと笑顔になって心から料理を楽しむことができるようになりますように。

CONTENTS

第1章 ごきげんで台所に立とう！心がけ次第で、料理の時間は短くできる

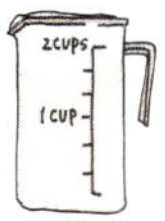

第2章

「今夜のごはん何にしよう」がなくなる！栄養満点で効率的な献立の作り方

第3章

作りおきではなく〝半作りおき〟「ついでに」が毎日をどんどんラクにする

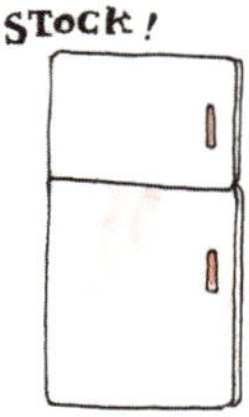

第4章

時短だけでなく節約にも！ かしこい買い物と片づけ方を身につける

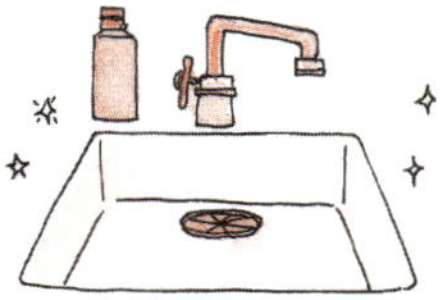

第5章

動線・物・収納を見直せばはかどる台所になる

〈本書での調味料の表記〉
※大＝大さじ、小＝小さじ

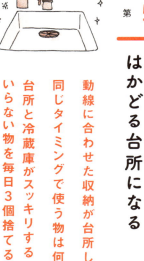

第1章

ごきげんで台所に立とう!心がけ次第で、料理の時間は短くできる

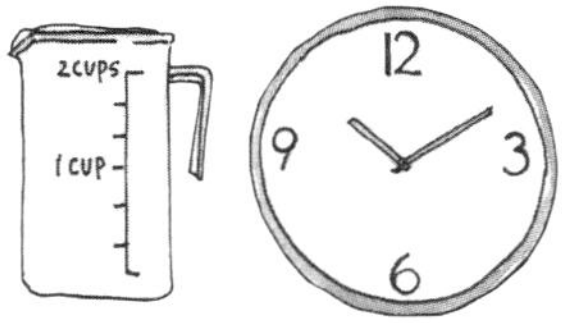

小さな工夫を習慣にすれば心も時間も余裕が生まれる

台所しごとを効率よくするためには、ちょっとした無駄を削減、縮小して時間を積み上げていくしかありません。なぜなら、みなさんは既にさまざまな工夫をされていると思うからです。

時間をお金に置き換えて考えてみましょう。

もっと貯金をしたいと思って家計簿を見直したとします。たとえばお金遣いの荒い独身男性であれば話は簡単です。自炊を増やして外食を半分にするだけで、月に数万円を貯金に回すことができます。

でも、ベテラン主婦の家計から新たに無駄を見つけるとなると話が違います。ネット専売のリーズナブルな保険に切り替えるとか、白熱灯をLEDに切り替えて、長いスパンで節約につなげるなど、数十円、数百円を積み上げていく節約になっていくでしょう。

台所しごともそれと同じです。これまできちんとこなしてきた人ほど、無駄を見つけることは難しいものです。ですから3分、5分を節約できることを見つけていくしかありません。

とはいえ、この3分、5分が実はとても大きいのです。たとえば5分の節約を5つ見つけられたら25分も浮きます。25分あれば、やりたいことがひとつは叶いませんか？

コーヒーやお茶をいれて、ゆっくりいただく。

趣味や習い事の時間にあてる。

ランニングやヨガなど日ごろの運動不足を解消する。

書ききれませんが、できることはもっともっとあります。忙しい人にとって自分だけのために使える時間というのはとても貴重なもの。25分は決して「たった」ではありません。

料理家の私は、台所しごとは苦にならないのでは？　と思われることが多いです。でも、私はわりと面倒くさがり屋ですし、やりたいこともいっぱいあるので、少しでも効率よくこなしたいと考えています。

また、効率化することは家事のやりやすさにもつながっていきます。

料理をする上で、人それぞれ小さなストレスがあるはずです。しかし、「キッチンが狭いから」「こういうものだから」と、ストレスがあっても「仕方がない」と思い込んでいるのではないでしょうか。

小さな無駄を省く作業は、既成概念の垣根を越えなければできません。あるべきものだと信じて疑わなかったものが、もしかしたらいらないものかもしれません。やるべきだと思っていた下処理が、実は必要がないかもしれません。

そうやって環境や作業そのものを見直していくことで、料理や片づけがしやすくなり、プチストレスがどんどんなくなっていきます。

プチストレスは、ひとつずつは大した問題ではありませんが、重なると台所に立つのが面倒になっていきます。そうやってズルズル過ごしてしまう時間は、前向きに使っているわけではないため、とてももったいない！

この本で提案するさまざまな方法は、3分、5分を積み上げていくものが中心です。だからといって「そんな程度では何も変わらない」とは思わず、ひとつずつでいいのでぜひ実践してみてください。

たとえ3分の節約にすぎなくても、効率化されると台所しごとが面白くなっていきます。そうすると、もっといろんなことを実践してみたくなるという、よいサイクルが生まれるのです。

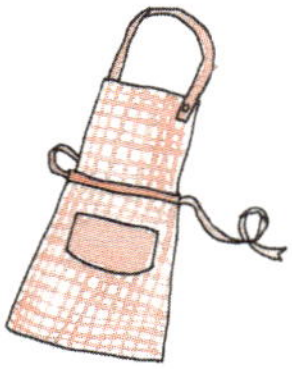

「既成概念」と「ねばならぬ」を捨てると料理はもっとラクになる

まず、捨てていただきたいのは「既成概念」と「ねばならぬ」です。台所しごとの大改革はそこから始まります。

台所というのは、子どものころから見てきているため、ルールやイメージができています。母親がしていたからそういうものだろうと思い込んでいるものが、みなさんにもあるのではないでしょうか。

たとえば三角コーナーもそのひとつです。ひと昔前まではほとんどの家庭のシンクに三角コーナーがありました。では、洗いおけや食器の水切りかご、スポンジ置きやふきんかけは如何《いかが》でしょうか。そういった物を、「あるのが当たり前だから」と置いていたりしませんか？

それぞれ「それは本当になければいけないのか」と考えていくと、なくても困らないばかりでなく、実は掃除の手間を増やし効率を悪くしているということに気づくことがあります。

物の置き場所も、意外と既成概念に縛られていることがあります。たとえば、毎朝キャラ弁を作るのに、チーズと海苔とはさみを使うとします。だいたいの場合は、別々の場所にしまっているのではないでしょうか。でも、それはとっても非効率。毎朝一緒に使うなら、小さな箱に全部入れて冷蔵庫に入れておけばラクですよね。でも、既成概念がじゃまをして、はさみを冷蔵庫に入れるという発想が浮かびません。

どうやって効率のよい台所にしていくのかという、具体的な方法は次の章以降で説明していきますが、「何か無駄はないかな」「もっと便利な収納場所はないかな」という目で台所を見直してみると新しい発見があるかもしれません。

料理をするときでも、ドレッシングはサラダにかけるだけでなく、炒め物やチャーハンなどに使える物もありますし、コチュジャンやラー油といった調味料があまったらマヨネーズと混ぜてみると案外いいソースになったりします。使い道が指定されていると、それだけに縛られやすくなってしまいますが、その垣根を取り払うと用途はどんどん広がっていきます。

また、「ねばならぬ」という思い込みは、自分自身を追い詰めます。料理は一汁三菜で作らねばならぬ、すべて自分で作らねばならぬ……といった大きな思い込みから、チンジャオロースにはタケノコが入らなければならぬ、唐揚げは鶏もも肉でなければならぬ……といった小さな思い込みまで、人にはたくさんの思い込みがあります。私もかつては家庭でも、タルタルソースを作るのにピクルスをきらしていれば買いに走っていました。でも、それなら福神漬けや柴漬けを使えばよかったのです。

もちろん飲食店として料理を出すのであれば、基本的にその料理のルールは守らなければいけません。しかし、家庭での料理なのですから、美味しければそれでいいのです。

「ねばならぬ」にとらわれてしまうと、やってもできないことでイライラしてしまい、結果として家の中の雰囲気をギスギスさせることになります。

食事は「食時」でもあります。栄養や美味しさはもちろん大切ですが、楽しく食べること。それも同じぐらい大切です。ギスギスした空気の中で一汁三菜を食べるよりも、おかずひと皿でもあなたが楽しそうにしているほうが、家族にとっては幸せな「食時」になります。

料理の仕事をしている私でも、忙しくて買い物もできていないようなときには、市販の冷凍食品を使うこともありますし、ファミレスに行くことだってあります。子どもはふだん食べない物が食べられるので、意外とよろこんでくれますし、私も料理や後片づけの時間がかからない分、家族との時間を楽しんでいます。

家事は取りかかるまでが面倒だからこそ前倒し習慣にする

前向きに食事作りに取り組むために、やらなければいけないことを前倒しするクセをつけましょう。

たとえば洗った食器はしばらく水切りかごに置いたままにして、自然乾燥させるという方も多いと思いますが、拭いて棚へしまうところまで一気に片づけてしまうのです。

第4章でも紹介しますが、料理をし終わったら台所には物が出ていない状態にしておくのが理想的です。

食器を自然乾燥させる方は、次の食事のときにかごから直接使う物を取り出すのではないでしょうか？　すると「あの小皿どこだっけ？」「スプーンどこだっけ？」というように、その中で小さな物が行方不明になって探すのに時間がかかったり、下にある物を取り出したとき上にあった皿がずり落ちて縁が欠けたりしがちです。また、次に食器を洗うときにも、まだかごに食器類が残ったままなので置くスペースがなく、洗うのが面倒になったりします。

こういう小さなところから、モチベーションが下がり、台所しごとがはかどらなくなっていきます。ですから、食器は洗ったらその場で拭いてしまうのです。

洗うことも、拭いて定位置に収納することも、必ずしなければいけないこと。それを先延ばしにしておくと、頭のどこかで気になって気分がスッキリしません。

どうせいつかやらなければいけないのなら、先に済ませてきれいにし、心もスッキリした状態でいたほうがいいに決まっています。

きれいな状態にしておけば、少しでも散らかったり汚れたりすると、自然とすぐにきれいにしたい！　という気持ちになります。その状態をシンク周辺だけでなく、キッチン全体、家全体へと広げていきたくなるため、すべての掃除にも自然と前向きになれるはずです。

前倒し習慣の代表として、作りおきがあります。作りおきがあると、それほど手間ひまをかけずに1食を作り上げることができるので、「あー、ごはん作るのが面倒だな」というおっくうさがなくなります。

ただし、作りおきをすること自体が面倒くさかったり、それで貴重な休日の時間が奪われてしまうこともあります。そこで本書では、作りおきはついでのタイミングでやることをおすすめしています。食事作りを面倒に感じるのは、取りかかる前まで。いったん始めてしまえば少しをやるのも、多めにやるのも大した問題ではありません。その状態で〝作業のストック〟をしておくのです。

朝のバタバタしているときに、前夜ボーッと過ごした30分を取り戻したいと思ったことがありませんか？　家事の前倒しはそれを叶えてくれます。

時間は平等といいますが、何かやっておいてもいいなと思える余裕のあるときがあれば、とにかく1分1秒が惜しいときもありますよね。

ですから少しでも余裕があるときに、やれることは前倒ししておきましょう。

「今やると、あとがラク」

これは私の口ぐせです。あとがラクになるということを実感しているので、これは自分にとって説得力があるおまじないのようなものです。

とはいえ、先にも紹介したように「ねばならぬ」は自分を苦しめるだけ。自分のコンディションは自分が一番知っていますから「今日はもうムリ――――！」と思ったら、早く寝てしまって翌日スッキリしてから取り組んだほうがうまくいく場合もあります。

今日はやらないと決めたら、くよくよしないこと。こんな日もあるさ！ と割りきって、〝あえて〟やらないことが大切なのです。

自分だけの集中スイッチを見つけ、プチストレスの原因を解消する

台所しごとは時短ばかりが注目されますが、〝好きでやる〟ことも大切。好きでやっているのなら、台所にいる時間＝趣味の時間、自分のために使っている時間にもなるからです。

好きになるためには、まずは台所にたくさんの好きな物を集めましょう。形から入るとうまくいく人は、素敵なエプロンをそろえてもいいでしょう。

エプロンはしないという人もいますが、エプロンをすると「さあ、やるぞ！」という魔法がかかるという人もたくさんいますので、ぜひ試してみてください！

調理グッズで気分を上げるのもおすすめです。この際ちょっと古くなっている物、使いにくさを感じている物は、買い替えてしまいましょう！

機能性が高くて可愛いキッチングッズはたくさんあります。人は無意識のうちに視覚に大きな影響を受けていますので、そういった気分が上がるグッズがそろっていると、それだけでも楽しい気持ちになるものです。

音楽を聴くというのもよいでしょう。私の場合は、近所迷惑にならない程度の大音量でクラシック音楽をかけながら料理をすると、かなり集中できます。

ただし、火を使っているときは、パチパチ、ポコポコ、ジャーッなどといった加熱状態のお知らせサインを聞くことも大切なので大音量にするのはおすすめしません。

このような工夫をしてもなかなか気がのらないときは、時間を区切ってみましょう。人は目標があると達成に向かって意識が集中できます。キッチンタイマーを用意して、たとえば皿洗いを3分でやりきろうと決めて取りかかるのです。

私は以前、家事は1時間などまとまった時間を取って、やっていました。でも、今はちょこちょことしか家事をしていません。歯を磨いたついでに1分だけ洗面台を掃除したり、タイマーをかけてアラームが鳴るまでに終わらせられるか勝負したりするととってもはかどるのです。たかが1分、されど1分ですからね！

タイマーをかけても集中できないときは「よーし、始め！」と口に出して言って、手をパチンとたたきます。

手をパチンとたたくのは無意識を意識に変えること。ですから、おすもうさんがお腹をたたいて気合いを入れるように自分なりにアレンジしていただいてかまいません。

これを繰り返していくうちに、脳はこの合図がきたら集中するということを覚えていくので、どんどん始めるのが楽になります。

見られている意識をもつというのも集中するコツのひとつです。とはいえ実際に、料理を見ていてくれる人はいませんので、ただ見られている気分になってみるのです。

私の場合は、下を向いて髪をキュッと縛ったら、次に顔を上げるときには目がキラーンと光り（脳内イメージ）、「私は女優よ」とマンガ『ガラスの仮面』の北島マヤになったような気分で、「これを全部1時間で仕上げてやる、私ならやれるわ」と、一心不乱に取り組みます（笑）。意外と効きますよ！

あるいは料理番組気分でやるのもおすすめです。誰が見ているわけではありませんが、「ここで先に切っておいた○○に塩小さじ1杯をまぶします」などと自分で実況中継をして、実際にテレビで収録されているような気分で料理するのです。

そんなことは恥ずかしくてできないという方でも、人それぞれ集中できるスイッチがあるはずなので、ぜひ見つけてみてください。

また、台所で気になっている不快な部分をなくしていくということも重要です。たとえば調味料ケースが油汚れしているとか、棚のトビラを開くとごちゃごちゃに入れた保存容器や弁当箱が落ちてくるというようなささいなことが、プチストレスになっているところです。

せっかく脳がやる気全開になっても、そういうプチストレスがいくつもあると、脳は台所しごとに対してネガティブなイメージをもってしまいます。するとやる気を出そうと思ってもなかなか出なくなってしまうのです。

たてつけが悪くてなかなか開かないトビラ、奥のほうにはもう何が入っているのかわからなくなっているパントリー、開けるたびに何かが引っかかってしまう満タンの引き出しなど、小さなモヤモヤはこの機会にどんどん解消していきましょう。

これもまとめてやることはありません。まずはどこか1カ所、簡単に解決できるところから3分、5分と決めて改善してみてください。気分がよくなり、きっとほかのところもやりたくなるはずです。

頑張り終えたら、ぜひ自分にご褒美をあげましょう。ビールと美味しいつまみ、お気に入りのハーブティーなど、食べたり飲んだりする物でもよいですし、いつもよりワンランク上の入浴剤を入れてゆっくりお風呂につかって「あぁ、頑張ってよかったな」と思えることも、次のやる気につながります。

第2章

「今夜のごはん何にしよう」がなくなる！栄養満点で効率的な献立の作り方

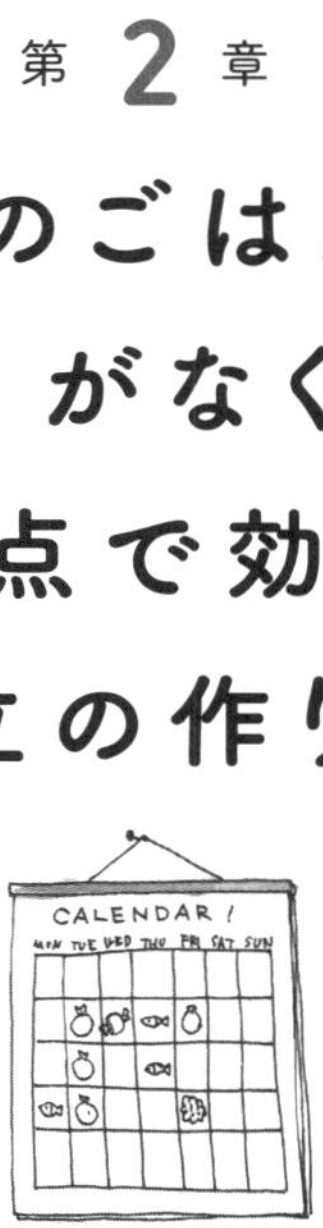

スマホでレシピ検索はやめて冷蔵庫・冷凍庫にある物で考える

料理をする際、多くの方の頭を悩ませているのが献立を考えることではないでしょうか。

家族に「何を食べたい？」と聞いてみても、「何でもいい」とか「美味しい物〜」なんてガッカリな答えばかりで、まったく参考になりません。ふだん、料理をしない人には、毎日献立を考えることの大変さがわからないのです。

献立を考えることは、単に料理を組み合わせることではありません。家族みんながよろこんでくれて、それほど時間をかけずに作ることができ、栄養バランスもよくて、材料費もかかりすぎず、家にある材料を優先して使える物……。それを毎日、しかも

1日2～3食も考えるのは、どれだけ大変なことか！

きっと多くの方が「魚　子どもがよろこぶ」とか「キャベツ　豚肉　簡単」など、さまざまなワードでレシピを検索しているのではないでしょうか。

でも、この**調べるために使う時間が、実は一番もったいない！** 作りたいと思うレシピが見つかるまでに結構な時間がかかりますし、検索して作ることに慣れてしまうと、いつの間にか創造力がなくなり検索をしないと作れなくなってしまいます。

さらに、**レシピを見ながら料理をすると、いつも以上に時間がかかります。** 材料を見て、分量を見て、工程ごとに作り方を見て……そのたびに手を洗ってスマホのロックをはずしてというのを繰り返していると、作業が止まってしまうからです。

では、どうやって決めるか。答えは簡単！

「冷蔵庫・冷凍庫にある物で考える」のです。

それができないから、悩んでいるんですけど!? と思われるかもしれません。でも、そんなことはありません。みなさん、ちゃんとできるのです。

料理を作ることを難しく考えすぎてはいないでしょうか？　もっと気楽に取り組んでみましょう。**美味しい物×美味しい物の組み合わせで、まずくなることはそうそうありません。**

もちろん、おかずを作っているときに、たとえばマシュマロを入れてしまうというような、突拍子もないことをするのは論外ですが、美味しい物を組み合わせて見た目や味のイメージができる物なら、だいたいうまくいきます。

たとえば鶏もも肉、玉ねぎ、きのこがあったとしたら、ケチャップ炒めでも、マヨネーズ炒めでも美味しくなります。ホイル焼きや照り焼きなどもよいでしょう。

みなさんも、今までの経験から**それぞれの食材がもつ味と料理イメージがありますよね？**　であれば、そのイメージ通りに作れるはずなのです。

私の料理教室の生徒さんを見ていても感じるのですが、みなさん実力があるのに、自分に自信をもてていません。大丈夫です、イメージしたまま作れば美味しくできますし、**続けていくうちに、自然と新しいアイデアが湧いてオリジナルのレシピが生ま**

れてきます。それが〝我が家の味〟、最終的には〝おふくろの味〟になるのです。

献立をわざわざ考える必要はありません。そこは手を抜き、イメージを形にすることに手をかけましょう。

また、家にある物で料理ができるようになると、買い物もラクになります。

何を作るか決めて買い物に行ったとき、必要な材料が思いのほか高かったり、売りきれて在庫がなかったりして困ったことはありませんか?

でも、ある物で作ろうと決めていれば、そのときに割安で手に入る食材から料理を決めることができます。割安なのに栄養価が高い旬の野菜、特売のお肉や魚。何を作るかではなく、何があるかでその日の献立を考えられるようになると、時間もお金も節約できるのです。

〝自家製ダレ〟をストックすれば失敗せずに時短できる

味のイメージができても、その味を作る調味料の割合がわからないから、やっぱり検索しないと作れない、という方もいます。

味つけは料理の中でも、とても気を遣うプロセスです。だからこそ「ホイコーローの素」とか「照り焼きソース」など、さまざまな料理のタレが次々と発売され、スーパーで広い売り場を確保しているのです。

確かに、いろんな料理のタレが家にストックされていればとても便利。適当な肉と野菜を切って炒めた物に調味料をからめれば、すぐに立派なひと皿になります。

それぞれの調味料の割合を調べて、冷蔵庫から出して、計量して、混ぜて、またしまって……という手間がなくなりますから、時短にもつながります。

だからといって、あらゆる料理のタレをそろえておくのは気が引けます。市販のタレはそろえると結構な金額になりますし、賞味期限までに全部使いきれることもなかなかないでしょう。

さらに原材料を見てみると、添加物もたくさん並んでいます。私は、食品添加物は絶対に取らない! と決めるほど拒絶はしていません。ファストフードでも、インスタントラーメンでも、この便利な時代、状況に応じて楽しく美味しく食べることのほうが大切だと思うからです。でも、正直なところ……毎日の料理には使いたくはありません。

ですから、私は自分でタレを作ってストックしています。

私は仕事でも料理をしていますが、それと家庭で作る料理は別物です。お腹をすかせた子どもを待たせないためにも、なるべく短時間で作ることが大切ですし、家族と過ごす時間、自分のための時間も必要です。

ですから、よく使う5種類ぐらいのタレを冷蔵庫につねにストックしてあります。


タレを入れるボトルは100円ショップでも売っていますが、狭い冷蔵庫の中で場所を取る形をしているなど、長い間なかなか気に入ったボトルが見つけられませんでした。一番困るのは、フタやキャップがついていないこと。液だれするというのも困りものですが、何より酸化や匂い移りの心配があります。調味料もなるべく酸素に触れさせないのは大原則ですから、細い注ぎ口につまようじをさしてフタにしていましたが、たまに折れたりするのでとても不便。でも……意外なところで理想的なボトルと出会ったのです！

それは身近にあるホームセンター！自転車やバイクなどの整備に使うような油さしの容器は、細くて握りやすく、注ぎ口にキャップもついてまさに理想通りだったのです！

機械工具用の物を調味料入れに使うなんて……と思われるかもしれませんが、未使用品ですから問題ありません。もちろん最初はよく洗いますし、使う前には消毒もします。それは料理用のボトルも同じです。しっかりボトルを熱湯消毒して、**冷蔵庫で保存しておけば多くのタレは約1〜2カ月はもちます。3回分ぐらいで使いきる目安で作っておく**とよいでしょう。

このあとのページで、私がよく使っている便利なタレレシピと、その応用料理の例を紹介しますのでぜひ参考にしてください。ただしストックダレを使って上手に手を抜いても、最後は必ず味見をすることが料理を美味しく仕上げるポイントです。同じ料理を作り慣れているプロでさえも必ず味見をするぐらい、食材などにより味は大きく左右されるからです。ただし、そこに手をかけることによって、完成度はグンと上がります。ぜひ、味見を習慣にしてください。仕上がりがまったく違ってきます。

"自家製ダレ"をストック

約1カ月
保存可能

肉にも魚にも合うさっぱりダレ

甘酢ねぎダレ

材料（ねぎ1本分）/作り方

ねぎ（みじん切り）1本
しょう油…大3、酢・砂糖…各大2
紹興酒・白いりごま・ごま油…各大1（お好みでラー油…適量）

酢と砂糖を混ぜ、しょう油、紹興酒、白いりごま、ごま油の順に加えてよく混ぜたらねぎを加える。

鶏 さっぱり揚げ鶏

鶏もも肉に片栗粉をまぶして揚げ焼きにし、タレをかける。

鶏 ささみの和え物

茹でたささみを手でちぎり、ざく切りにした水菜とともにタレで和える。

豚 冷しゃぶサラダ

レタス、トマト、きゅうりのサラダに冷しゃぶをのせ、タレをかける。

鶏 鶏と野菜のこんがり焼き

ひと口大の鶏肉となすをごま油でこんがりと焼き、火が通ったら半割のプチトマトを加えてサッと炒め、タレを回しかけて水分がなくなるまで加熱。

魚 ヘルシーホイル焼き

ざく切りにした白菜と白身魚に酒を注いでホイルで包み、トースターで蒸し焼きにしたらタレをかける。

約2カ月
保存可能

食欲をそそる香りとコク!

にんにくしょう油ダレ

材料(作りやすい量)/作り方

にんにく(細かいみじん切り)…2片、しょう油…大4
オイスターソース・酢…各大2、砂糖・酒・ごま油…各大1

材料をすべて混ぜる。

卵

絶品卵かけご飯

熱々ご飯にタレをかける。
茹でたうどんにからませても美味しい。

ひき肉

肉詰めパプリカ

半割のパプリカにハンバーグのタネを詰めて両面を油をひいたフライパンで焼き、タレを加えて煮からめる。

魚

刺身の香味サラダ

刺身のサクをスライスしてタレをかけ、大葉、しらがネギ、みょうが、大根の千切りをふんわりとのせる。

牛

牛レタスチャーハン

牛肉を炒め、火が通ったらご飯を加えて炒める。タレを加えて混ぜたら、仕上がり直前にレタスを投入。

豚

コク旨!絶品肉じゃが

ふだんの肉じゃがのしょう油をこのタレに。旨み、深みがググッと上がる!

約2カ月
保存可能

煮つけや照り焼きにも使える万能ダレ

甘辛タレ

材料（作りやすい量）／作り方

しょう油…大3
みりん…大2
砂糖…大1

みりんを煮きり、
砂糖がとけたらしょう油を加える。

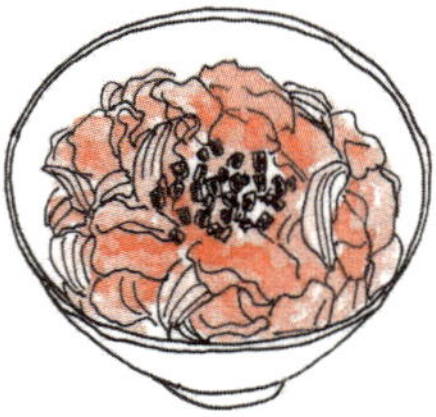

豚

ご飯が進む豚丼

豚肉とくし形に切った玉ねぎを炒め、おろししょうがとタレを加えてからめる。ご飯にのせて万能ねぎを飾る。

その他

香ばし磯辺焼き

長いもを1センチ幅の短冊に切り、ごま油でこんがりと焼く。タレを加えて煮からめたら皿に取り、海苔をのせる。

鶏

鶏とれんこんのきんぴら風

鶏肉とれんこんを油で炒め、タレで煮からめる。仕上げに茹でた絹さやを添える。

豚

エリンギの肉巻き

豚肉を広げてエリンギを巻き、焼いたらタレを煮からめる。アスパラでも作っておいて翌日のお弁当にも。

魚

ごちそう煮魚

金目鯛を霜降りしてごぼう、れんこん、しょうがとともに、タレと酒、水で煮つける。

約2カ月
保存可能

みたらし風の甘みのある味があとを引く！

みそダレ

材料（作りやすい量）／作り方

みそ…200g、水…40㎖
みりん…100㎖、酒…50㎖、砂糖…50g

材料をすべて鍋に入れて加熱し、
ひと煮立ちしたら弱火にして10～15分煮詰める。

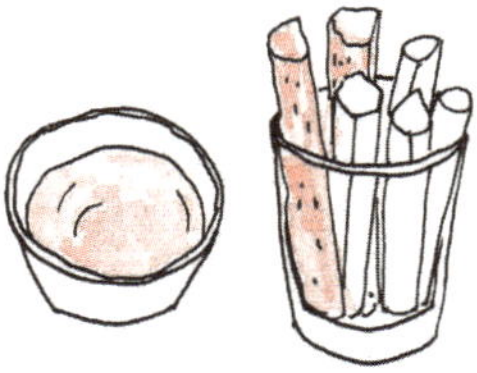

野菜

コク旨スティックサラダ

みそダレと同量のマヨネーズと一味唐辛子を少々加えてグラスに入れ、スティック野菜のディップに。

鶏

エスニック蒸し鶏サラダ

蒸し鶏を手で裂き、タレとタバスコで和える。砕いたタコスチップの上にのせ、さらにパクチーをのせる。

豚

肉みそレタス巻き

1センチ角に切ったピーマン、じゃがいもと豚ひき肉を炒め、タレを加えサッと炒めながら混ぜる。いりごま、ごま油を回しかける。レタスを巻いてめし上がれ。

豚

やわらかみそ豚

豚ロースの両面にタレを塗り、ラップをして半日マリネしたらグリルで両面とも焼く。

その他

ご飯が進むみそ炒め

スプーンでちぎったこんにゃくと乱切りのちくわをタレと炒め合わせる。

約1カ月
保存可能

濃厚だけどあと味さわやか

オイごまダレ

材料（作りやすい量）／作り方

すり白ごま…大3
甘辛タレ（P.44/なければ濃いめのめんつゆ）…大6
オイスターソース…大2
酢・ごま油…各大1

材料をすべて混ぜ合わせる。

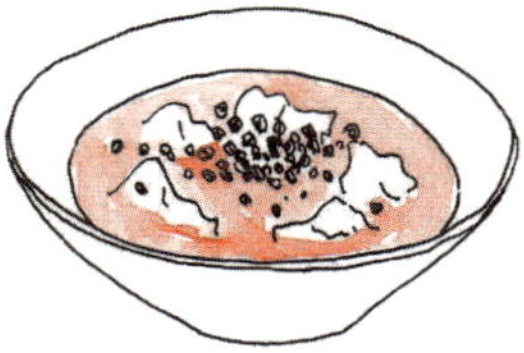

その他
わんたんスープ
タレを豆乳で割って温め、わんたん（市販の物でもOK）を加えて火を通す。

魚
ごまぐろ丼
まぐろのぶつ切りとアボカドの角切りをご飯にのせ、中央に卵黄をトッピング。タレを回しかける。

野菜
たたききゅうりのごまダレ
ポリ袋にきゅうりを入れてたたき割り、わかめとタレを加えてもみ込む。

豆腐
変わり冷や奴
豆腐にツナ、かいわれをのせ、タレをかける。

その他
サラダそうめん
セロリの千切りと冷しゃぶ、茹でたそうめんをタレで和える。

約3週間
保存可能

温かい料理にもよく合う

ナムルダレ

材料（作りやすい量）/作り方

にんにく（すりおろし）…4片
ごま油…大4、白ごま…大4
みりん…小1、塩…小2、
しょう油…小2、鶏ガラスープの素…小1

材料をすべて混ぜ合わせる。

その他

にんにく香る塩焼きうどん

もやし、にら、豚肉を炒め、うどんを加えてさらに炒めたらタレを加えて味を調える。

鶏

鶏と野菜の温サラダ

鶏肉をタレでマリネし、かぼちゃとにんじんのスライス、しいたけとともに蒸し器で蒸す。

野菜

小松菜としめじの和え物

茹でた小松菜をざく切りに。フライパンでほぐしたしめじを油で炒め、小松菜とともにタレで和える。

豚

さっぱり肉もやし

豚ひき肉を炒め、タレで味をつけたら茹でたもやしと和える。ご飯や豆腐にのせても。

その他

ギョーザの変わりダレ

ざく切りのトマトとタレを和え、ギョーザのタレに。

"美味しい"の素がギュッと詰まっている

市販の焼肉のタレ

POINT

にんにくやしょうが、ねぎなどの香味野菜たっぷりの焼肉のタレは、肉はもちろん野菜やご飯にも合うよう作られていて実は料理に便利。サラッとした物よりも、ドロッとコクがある物がおすすめで、なかでも要冷蔵で売られているタレは風味も一段上です。

野菜

なすグラタン

厚さ1センチに切ったなすをオリーブオイルをひいたフライパンで両面焼き、耐熱皿に入れる。4等分に輪切りしたトマトをのせてタレをかけ、チーズをかけてトースターでこんがりと焼く。

豚

豚ニラ玉

ごま油で炒り卵を作り、取り出す。豚肉（バラやこま）を炒め、長さ5センチのにらとタレを加えて煮からめ、卵を戻して混ぜ合わせる。

野菜

白菜ロール

ハンバーグのタネを茹でた白菜で包み、タレと水を加えて煮る。仕上げにバターをひとかけら落とす。

鶏

簡単本格春巻き

戻した干ししいたけとキャベツを千切りにして、鶏のひき肉とともに炒めたらタレを煮からめる。春巻きの皮で包み、カラッと揚げる。

鶏

海南鶏飯風

炊飯器に米、鶏もも肉（1枚丸ごと）、長さ5センチに切ったねぎ、にんにくのみじん切りを入れ、水とタレを加えて炊く。

日本人の大好きな味

市販のめんつゆ

POINT
めんつゆは日本人が大好きな味に作られている、完璧な万能調味料。
だしも入っているので時短料理には欠かせません。
料理にはストレートタイプの物が使いやすいですが、
希釈タイプの物は「かけ」の割合で薄めてから使えばOKです。

その他

たこいも煮

さといもは六面むきにして食べやすい大きさに切り、水から茹でてぬめりが出たらざるにあげて水洗い。再度、水からやわらかくなるまで茹でる。たこはひと口大に切り、さといもとともにめんつゆで煮る。

野菜

おかかピーマン

ピーマンをサッと炒め、めんつゆを入れて煮詰める。おかかと和える。

魚

さばの竜田揚げ

骨を取り、厚さ2センチにそぎ切りにしたさばをめんつゆ、しょうが、酒に漬け込み、15分おく。片栗粉をつけて揚げ、大根おろしと素揚げしたししとうを添える。

野菜

ごぼうのマヨサラダ

ごぼうを千切りにし、酢水にさらす。お湯でごぼうを茹でてざるにあげ、めんつゆとマヨネーズで和えたら、ごまをふる。

鶏

鶏団子のうま煮

鍋でめんつゆを温め、鶏ひき肉と塩、しょうが、ねぎを加えて団子にして落とす。絹ごし豆腐、ふきとともに煮る。

献立をもっとスムーズに考えるために「主菜カレンダー」を作る

具体的に何を作るか決めていないと、買い物をするときに困るという方もいます。特売をしていればそれを中心に買うという手がありますが、そうでなければ結局、自分で何を買うかを選ばなければいけません。

献立選びに頭を悩ませがちな人は、「主菜カレンダー」を作ってみましょう。献立は主菜さえ決まってしまえば、副菜はそれに合わせて考えればよいので、簡単に思いつくようになります。

主菜というのはたんぱく質を取るための料理ですから、使う食材は「肉」「魚」「卵」「豆腐」などになります。これをあらかじめカレンダーに記入してしまうのです。

どのようなルーティンになるのか、登場する頻度は家庭ごとに変わってきます。たとえば「肉」は牛、豚、鶏、ひき肉が一般的ですが、同じ頻度で登場すると、牛肉の回数が増えて家計が大変とか、子どもが鶏肉を好きではないなど、家庭事情はそれぞれ。また、給料日のあとは牛肉にしようとか、お刺身にしようといったスケジュールもあるかもしれません。

そのような家族の好みや都合などを加味しながら、カレンダーに「豚」「牛」「魚」「卵」などと書き込んでいきます。

肉ごとの部位、魚の種類などまで決めてしまうと、売りきれていることもあるので、細かく決めすぎないほうがいいでしょう。

朝食や昼食も迷っている人なら、朝「ウインナー」、昼「卵」、夜「魚」というように、すべてを決めてもいいかもしれません。私は子どもが離乳食の時期、まんべんなく食べさせるためにこのように三食分書き込んだ離乳食カレンダーを作っていました。

カレンダーでは鶏肉の日と決めて買い物に行ったら、ほかのお肉が特売になっていたとか、とても新鮮な魚があったというようなときには、もちろん変更しましょう。カレンダーはあくまでも目安です。

食材が決まっても料理が決まらないという人は、食品ごとのレパートリー表を作っておくのがおすすめです。

食材ごと（こちらは部位まで細かく設定）に**「生（そのまま食べる）」「茹でる・蒸す」「炒める・焼く」「煮る」「揚げる」という5つの調理法に分け、自分が作れる料理、作ってみたい料理をまとめる**のです。

バランスのよい食事をするには、いろんな種類の食材を使うことはもちろん、さまざまな調理法にすることも大切です。ですから**1週間の中で先ほどの5つある調理法がそれぞれ1回は出てくると、食事のバランスがとてもよくなる**はずです。

たとえば、このように決めていたとします。

月曜日「豚肉」、火曜日「卵」、水曜日「鶏肉」、木曜日「魚」、金曜日「豆腐」、土曜日「魚」、日曜日「牛肉」

月曜日はロース肉が安かったので、とんかつを作るとします。これで「揚げる」が1回。火曜日はかに玉にしたので、「焼く・炒める」が1回。水曜日の鶏肉はバンバンジーにして「茹でる・蒸す」。木曜日は煮魚で「煮る」。

あと残っているのは「生（そのまま食べる）」なので、金曜日は順当にいくと冷や奴になってしまいますが、主菜が冷や奴というのも味気ないと感じるなら、湯豆腐に

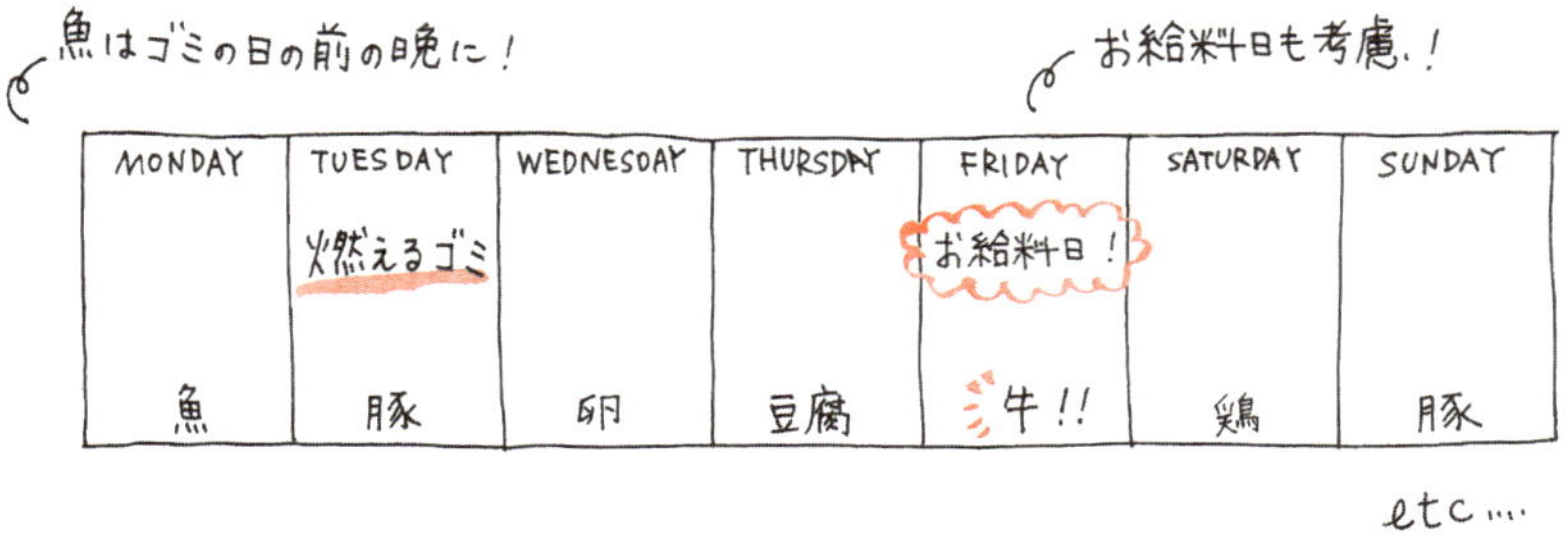

魚はゴミの日の前の晩に！　　　　　　　　　　　お給料日も考慮！

MONDAY	TUESDAY	WEDNESDAY	THURSDAY	FRIDAY	SATURDAY	SUNDAY
	燃えるゴミ			お給料日！		
魚	豚	卵	豆腐	牛!!	鶏	豚

主菜カレンダーは生活パターンに合わせる！

して「茹でる・蒸す」とします。土曜日の魚を刺身にして「生（そのまま食べる）」にしてみましょう。５つの調理法をすべて網羅したので、日曜日の牛肉はお好みで作ればOKです。家族の予定と合わせて、バラバラに帰宅する日などを、冷蔵庫から出すだけでよい〝お刺身〟にしてもよいですね。

ちなみに、「生（そのまま食べる）」ができる主菜の食材はあまり多くないので、毎週必ずというのは難しいかもしれません。

食材を生で食べたほうがいい理由は、加熱すると壊れてしまう栄養素が補給できることです。魚介類でいうと、頭がよくなる脂質の一種として知られるDHAは熱にとても弱いので、刺身で食べるのがよいといわれています。

しかし、肉類は基本的に生では食べられませんし、卵かけご飯ばかり食べているわけにもいきません。

そんなときは、副菜を「生（そのまま食べる）」にすることでカバーしてみましょう。難しく考える必要はありません。豚肉のしょうが焼きを主菜にしたら、たっぷりのキャベツの千切りを添えるというような、ふだん当たり前にやっていることでいいのです。

ビタミンCやカリウムなどのビタミン、ミネラルのほか、酵素など、熱に弱い栄養素はほかにもいろいろとあります。

だからといって生食ばかりにメリットがあるわけではありません。おひたしのように加熱をすると、かさが減ってたっぷり食べられることもあります。

つまり、どんな調理法にもメリット、デメリットがあるため、いろいろな調理法を取り入れることが栄養バランスをよくすることにつながるのです。

ちなみに栄養バランスのよい食事を作りたいなら「まごはやさしいよ」が目安になります。「ま」は豆、「ご」はごま、「は＝わ」はわかめなどの海藻、「や」は野菜、「さ」は魚、「し」はしいたけなどのきのこ、「い」はいも、「よ」はヨーグルトなどの発酵食品。1日の中ですべてが取れると理想的です。

次のページに食材ごとの代表的な料理をまとめます。さらにその次には、空欄のメインおかず調理表がありますので、自分の献立表を作ってみてくださいね。

	炒める・焼く	煮る	揚げる
	しょうが焼き、ポークソテー	おろし煮	とんかつ
	なすのみそ炒め	大根の甘辛煮	野菜の肉巻きフライ
	野菜炒め	肉じゃが、とん汁	ミルフィーユカツ
	塩豚（バラ）	角煮	とんかつ（ヒレ）
	ギョーザ	麻婆豆腐	メンチカツ
	ステーキ	しぐれ煮	牛カツ
	チンジャオロース	しぐれ煮	唐揚げ
	ローストビーフ	トマト煮	ビーフカツ
	ハンバーグ	ドライカレー	ビーフコロッケ
	照り焼き、チキンステーキ	親子丼	唐揚げ
	野菜炒め	おろし煮	ささみフライ
	甘辛炒め	ポトフ	フライドチキン
	つくね	スープ	ナゲット
	ハンバーグ、ピーマン肉詰め	そぼろ	メンチカツ
	パスタ	ポトフ	ハムカツ
	チーズパン粉焼き	クリーム煮	サーモンフライ
	梅しそ焼き	トマト煮	フライ、南蛮漬け
	塩焼き	梅煮	あじフライ、南蛮漬け
	香草パン粉焼き	みそ煮	エスカベッシュ
	照り焼き	煮つけ	フライ
	ガーリック炒め	角煮	フライ
	目玉焼き	煮玉子	天ぷら
	豆腐チャンプル、豆腐ステーキ	肉豆腐	揚げ出し豆腐

メインおかず調理表

食材	部位・種類/調理法	生（そのまま）	茹でる・蒸す
豚肉	ロース		しゃぶしゃぶ／冷しゃぶサラダ
	バラ		白菜の重ね蒸し
	こま肉		治部煮風
	かたまり肉		茹で豚（ヒレ、ロース）
	ひき肉		シューマイ
牛肉	ロース		牛しゃぶ
	こま肉		牛肉サラダ
	かたまり肉	カルパッチョ	リエット
	ひき肉		ハンバーグ
鶏肉	もも肉		海南鶏飯
	胸肉、ささみ	刺身わさび	バンバンジー
	手羽元、手羽先		スープ
	ひき肉		肉団子
その他	合いびき肉		キャベツ重ね蒸し
	ハム、ベーコン	サラダ、サンドイッチ	野菜とレンジ蒸し
魚	さけ	刺身	ホイル蒸し
	いわし	刺身、カルパッチョ	白ワイン蒸し
	あじ	刺身、カルパッチョ	酒蒸し
	さば	酢じめ	ホイル蒸し
	ぶり	刺身	ぶりしゃぶ
	まぐろ	刺身、漬け丼	酒蒸し
卵		玉子かけ	ポーチドエッグ、温泉玉子
豆腐		冷や奴、カルパッチョ	湯豆腐

	炒める・焼く	煮る	揚げる

自分だけのメインおかず調理表（記入してみましょう）

食材	部位・種類／調理法	生（そのまま）	茹でる・蒸す	
豚肉	ロース			
	バラ			
	こま肉			
	かたまり肉			
	ひき肉			
牛肉	ロース			
	こま肉			
	かたまり肉			
	ひき肉			
鶏肉	もも肉			
	胸肉、ささみ			
	手羽元、手羽先			
	ひき肉			
その他	合いびき肉			
	ハム、ベーコン			
魚	さけ			
	いわし			
	あじ			
	さば			
	ぶり			
	まぐろ			
卵				
豆腐				

味の好みが合う料理家を探し自分だけの秘伝のネタ帳を作る

自分の世界だけで料理をしていると、どうしても見た目や味の幅が広がっていきません。たまには、レシピ本やレシピサイトを見てみることも必要です。

でも、それはあくまで空き時間でできる範囲でOKです。レシピ専用ノートを作り、いいなと思った物があればメモをしてください。通勤などのちょっとした移動中にスマホで探してみましょう。スクリーンショットやお気に入りに保存しておくといった方法もありますが、埋もれてしまうので意外とあとから活用しづらいもの。メモが取れないときにいったん保存した物は、そのあと忘れずに専用ノートにメモしておきましょう。レシピ全部を書くのが面倒なら、どんな料理かを簡単にまとめてメモするだけでもよいでしょう。

また、オリジナルに作った料理でとてもうまくいったときも、そのポイントを書き留めておくと役立ちます。これとこれを炒めると美味しいとか、この調味料を入れると味が全然違うといったことは、作っているときは覚えておこうと思っていても、わりとすぐに忘れてしまうものです。

私は兄が3人いるため、自然と母の手伝いで料理を始め、小学校1年生のころには既にレシピノートをつけていました。レシピのポイントのほか食事の状況などを書き込んであるため、当時のことをリアルに思い出すことができます。今でもノートをつける習慣は続いていて、私の宝物になっています。

また、味の好みが合う料理家を見つけて、その人のレシピ本をネタ帳にするのもよいでしょう。食材もしくは調理法ごとに違う色のふせんで色分けをしておくと、「青菜で何か副菜がほしい！」など、献立で迷ったときに役立ちます。

私は中学1年生のころ、栗原はるみさんのパンとお菓子の本を買い、全レシピ制覇したことがあります。実際作ってみるとイメージした味とまったく違うということもあり、とても勉強になりました。好みにかかわらず、順に作ってみるのもおすすめです。ネットに掲載されているレシピの場合、作っているのは一般の方が多いので、味の質にはバラつきがあります。作ってみて美味しいと感じた人をフォローしていき、その中からレシピを選ぶようにすると失敗が少なくなります。

レシピ本にふせんを貼って
ネタ帳にする

第3章

作りおきではなく“半作りおき”「ついでに」が毎日をどんどんラクにする

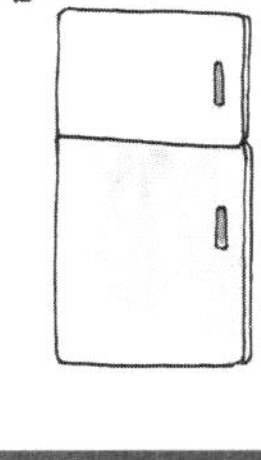

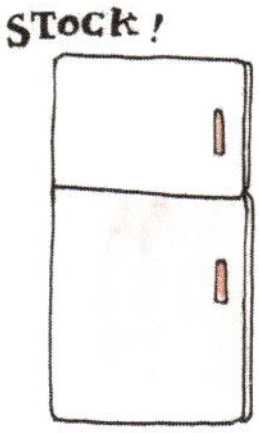

ふだんの料理を倍量作れば〝わざわざ〟作りおきしなくていい

忙しいときに、冷蔵庫や冷凍庫に作りおきがあると、とても助かります。とはいえ、休みの日に何時間も台所にこもって料理したくないというのも本音。

ですから、作りおきはふだんの料理の延長線上で作ってしまいましょう！

つまり、ふだん作る倍の量を作ってしまえばいいのです。

倍の量を作るということは、皮をむくのも切るのも倍にはなります。でも、やり始めてしまえば少しやるのも、たくさんやるのも同じことです。

もちろん飲食店などのように何十人分もの料理となれば話は違ってきますが、４人分も8人分も実はそんなに変わらない作業です。

ごはん作りが面倒なのは、始めるまでではありませんか？
「今日は何にしようかな？」と考えても、まったく頭に浮かばずズルズル時間を過ごしてしまったり、作ると決めても何となくおっくうで、テレビを前に「次のコマーシャルになったらやろう」というように先延ばししているかもしれません。

でも、実際に作り始めると、案外スムーズ。面倒くさいという気持ちもいつの間にか消えていたりするものです。

つまり大変なのは〝やる気スイッチ〟を入れるまで。スイッチが入ったら、できることは前倒しをしましょう。まさに第1章で紹介した「今やると、あとがラク」です。
そうすると、やる気が起きないときでも、「煮物があるから、あとは副菜と汁だけでいい」とか、「ハンバーグがあるから、サラダを作れば何とかなる」というように、スイッチを入れやすくなります。

コツは、やることのハードルを下げること。作りおきもひとつの方法といえます。

また、煮物やみそ汁など、料理によっては一度にたくさん作ったほうが美味しくなるというメリットもあります。

作りおきをしておくと、同じ味が続いて飽きてしまうという人もいますが、そんな場合は、しっかり味をつける前に取り分けてしまいましょう。離乳食も後期になると、途中までは大人の分と一緒に作り、味つけの段階で子ども用に取り分けることが多くなりますが、それと同じ発想です。

たとえば煮物を作る場合、最後まで完成させて食べるのもいいですが、下ごしらえをした物を冷凍しておいてもよいですし、だしで煮た状態にしておいて取り分ければ、次に食べるときには違う味に変えることもできます。

冷凍のメリットは保存期間が長くなることですが、短期間で食べてしまうなら冷蔵でもかまいません。短期間に何度も同じ物を食べると飽きてしまうなら、味を変えてしまう、つまりリメイクすればその問題も解決します。

私はよく塩肉じゃがを作るのですが、最初は塩味を薄めにしておき、食べるときに個々に追い塩をします。翌日はしょう油で普通の肉じゃがにしたり、トマトを入れて洋風にしたり、カレーにしてしまうこともあります。

塩肉じゃがはお肉がとっても美味しいので、我が家ではお肉があっという間になくなってしまいます。なので、翌日は新たに肉を炒めて追い肉をします。

また、じゃがいもをつぶしてポテトサラダにしたり、小さめに切ってみそ汁の具にしてしまうこともあります。肉じゃがをコロッケにリメイクする方もいますね。

家庭料理には、ルールなんてありませんから、食べたいように作ればよいのです！

〝バラエティに富んだ料理〟を作りおきすることに手をかけるより、ついでに作って手を抜いて、〝バラエティに富んだアレンジ〟に手をかけていきましょう。

たっぷり作ると美味しさもアップ！

おでん・筑前煮

旨みたっぷりの煮汁を使うこともでき、リメイクの幅が広い料理。
リメイクを決めてから料理をする場合、コロッケにしたいから
おでんのじゃがいもを増やそうとか、こんにゃくは
少なめにしようといった具合に調整するようにしてみましょう。

炊き込みご飯

具材をすべて刻み、煮汁も使って炊き込みご飯に。野菜ばかりになるようであれば魚や肉の缶づめを加えても。

お好み焼き

残った具材を1センチ角に切り、お好み焼きの具材に。

茶碗蒸し

1センチ角にしてだしまたは煮汁で溶いた卵と蒸して茶碗蒸しに。

コロッケ

すべて刻んでマッシュポテトと合わせてコロッケに。

けんちん汁

煮汁も使って汁に。味が薄ければ調整を。

キーマカレー

すべて刻んでひき肉とともにルーやカレー粉で炒める。

カレー・シチュー

具材をそのままいかしてカレーやトマトなどのシチューに。

リメイクしやすい優秀惣菜

ひじき煮

作りおき惣菜の代表的存在ですが、続けて出すと飽きられやすい料理ともいえます。ひじきは細かくしてしまえばさまざまな料理に混ぜられるので、ぜひアレンジして出しましょう。

市販のひじきの水煮の応用レシピとしても参考にしてくださいね。

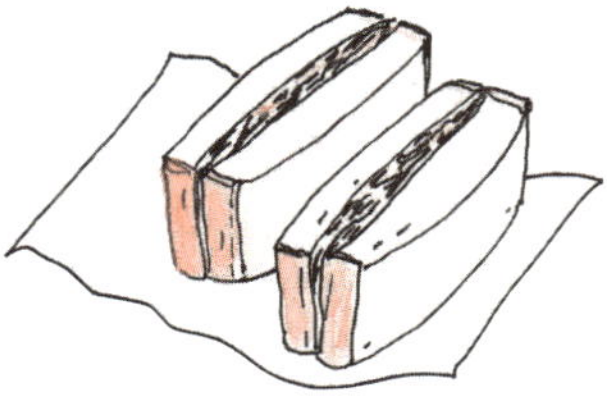

栄養満点サンド

カッテージチーズやサラダチキンと合わせてサンドイッチに。ホットサンドにも。

のっけトースト

食パンにマヨネーズで和えたひじき、チーズをのせて焼く。

サラダ

浅漬け野菜と合わせて和風のサラダに。

お弁当に

軽く刻んでおにぎり、おいなりさんや、卵焼きに混ぜて。

鶏ハンバーグ

鶏ひき肉と合わせてハンバーグに。

ビーンズサラダ

豆のドライ缶やパックとごまドレッシングやマヨネーズ和えに。

コロッケ

マッシュポテトと合わせてコロッケに。

簡単ひと手間で大変身

ポテトサラダ

レシピの幅が広いポテトは、サラダにしてもアレンジ方法はたくさんあります。揚げたり焼いたりするのにりんごやきゅうりが入っていると食べにくいという人は、入れる前にリメイク分のポテトは取り分けておくのもよいでしょう。

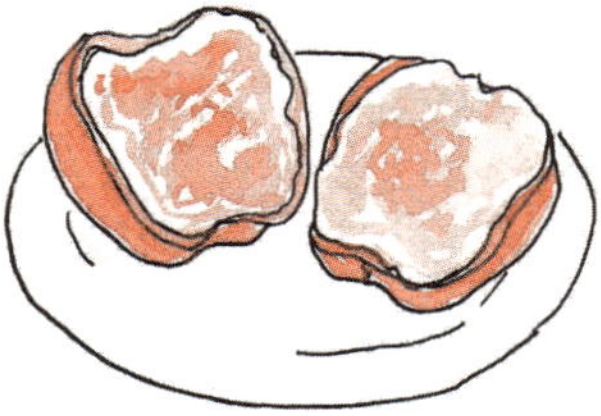

パプリカポテト

半割にしたパプリカにポテトサラダを詰め、チーズをのせてトースターで焼く。

ポテトきんちゃく

油揚げにチーズと入れて口を閉じ、トースターで焼く。

グラタン

牛乳でのばして耐熱皿に入れ、パン粉をのせて焼く。

サンドイッチ

サンドイッチやホットサンドに。チーズを加えても◎。

揚げわんたん

ギョーザやわんたんの皮にチーズと包んで揚げる。

ヴィシソワーズ

ポテト、玉ねぎのみを牛乳とコンソメスープでのばし、ミキサーにかける。

ディップソース

ギリシャヨーグルトとおろしにんにくを加えて混ぜる。

リメイクしても子どもが大好きな味！

カレー・シチュー

カレーやシチューは数日続けて食べても美味しいですが、
リメイク料理も手抜き感がなく、また違った味わい方も楽しめます。
シチューはホワイトシチューのほか、ビーフシチューでも
トマトシチューでも、どんなシチューでも応用可能。

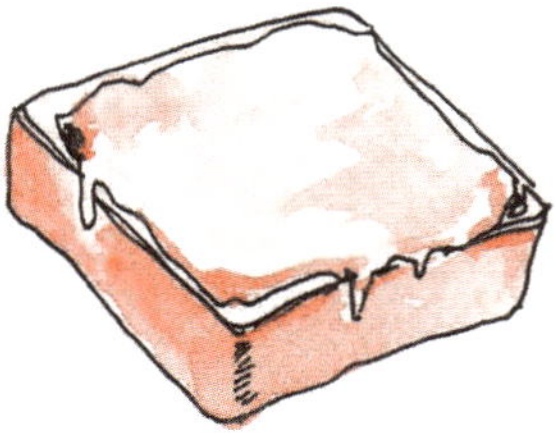

トーストグラタン

厚めの食パンの中を四角くくりぬいてトーストし、中に入れてチーズをのせたら焼き色がつくまでさらに焼く。

ひと口ギョーザ

ギョウザやわんたんの皮で包んで焼くか揚げる。

リゾット

豆乳や牛乳でのばし、ご飯とチーズを加えて温める。

パスタ

生クリームでのばし、茹でたパスタを加える。

めん類

めんつゆを足して肉うどんやにゅうめん、ラーメンに。

カレー麻婆豆腐

炒めたひき肉と豆腐にカレーを足して、和風だしなどでのばす。

揚げパン

冷えたままパンに包んで焼くか揚げ焼きに。

和食にも実はよく合う

ミートソース

ミートソースといえばパスタと思われるかもしれませんが、
さまざまな料理に使いやすいソースです。
たっぷり作ったほうがおいしいので、冷凍保存しておくとよいでしょう。
市販のミートソースの応用料理としても参考にしてください。

ミートオムライス

ご飯と少量のミートソースを和えて、とろとろ卵焼きをかけたら、その上からもミートソースをかける。

ドリア

ご飯と和えて、チーズをのせて軽く焼く。

なすグラタン

焼いたなすとトマトの上にかけチーズをのせて焼く。

洋風ギョーザ

ひき肉とチーズを足してギョーザにする。

ライスコロッケ

ご飯と混ぜて丸くし、衣をつけて揚げる。

ミートトースト

食パンにピザ用チーズとともにのせて焼く。

ミートポテサラ

ポテトサラダと混ぜるだけでひと味違うサラダに。

自己主張が少なくアレンジしやすい

切り干し大根の煮物

食物繊維など体にいい成分がいっぱいで、積極的に取りたいとは思いながらも、子どもにはなかなかよろこんでもらえない切り干し大根の煮物。でも、実は子どもが大好きな料理にもよく合うアレンジ向きの惣菜なのでぜひお試しください。

ちらし寿司

具材を小さめに切り、酢飯に混ぜる。
ご飯の上に刺身、きゅうりの薄切り、錦糸卵などを飾る。

白和え

絹ごし豆腐とみそ、砂糖、薄口しょう油と塩少々を混ぜて和える。

炊き込みご飯

具材を小さめに切り、煮汁とともに加えて炊く。

サラダ

マヨネーズと和えてちぎったレタスの上にのせる。

卵とじ

汁が多ければ減らし、溶いた卵でとじる。

ポテトサラダ

マッシュポテトと合わせる。
マヨネーズを加えても。

青菜の煮びたし

煮物の中に茹でて水切りした青菜を加えて少しおく。

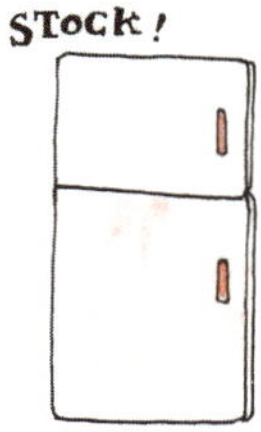

野菜を切るついでに〝半作りおき〟を用意する

料理そのものを作りおきしておかなくても、たとえば材料が切られた状態にあるだけで、台所に立つ前のおっくうな気持ちはだいぶ解消されるものです。とはいえ、カット野菜は外国産が多く、また鮮度を保つために添加物が多く使われているともいわれていますので、頻繁に使うのは気が引けますし種類もそれほど多くありません。ですからやはり、自分でカットしておくのがおすすめです。

これもわざわざ時間を作る必要はありません。ふだんの料理のついでにやってしまいましょう。

私の場合、野菜はその日の料理に一部しか使わなかったとしても、全部切っています。

たとえば玉ねぎ。半分しか必要なくても、残りはみじん切りや薄切り、くし形切りにして冷凍。玉ねぎは冷凍しておくと、水分が出やすくなり短時間炒めるだけであっという間に飴色になるので、ハンバーグやカレーなどに便利です。また、チャーハンやオムライスなどにもパッと使えて便利です。

切った野菜は日もちがしないので、ラップをして冷蔵庫に入れておいたのにいつの間にかダメにしてしまったという経験がある人も多いでしょう。でも冷凍してしまえば、そんな心配もありません。

私は料理に使う物を全部切ってしまったあとでも、まな板で使っていないゾーンに気づくと、そのスペースがもったいないので、まだ切れる物はないかと考えます。

というのも、私はまな板で切る物をゾーンごとに決めているからです。これは食品の匂いがほかに移らないようにするためです。そうするとメニューによってはまったく使わないゾーンもありますが、当然ながら洗うときはまな板全体を洗いますから、使っていない部分があるのはもったいない！　と思ってしまうのです。

そこで「冷蔵庫に柴漬けがあるから刻んでおこう」とか、「チーズを食べやすい大きさにしておこう」という風に、プラスアルファの何かをしておきます。

ちなみに、柴漬けは刻んでおくとチャーハンの具などいろいろと便利に使うことができ、チーズが切ってあると忙しい朝に助かります。


また、青菜を茹でるときも同じです。せっかくたっぷりの塩を入れてお湯を沸かすのですから、1把《わ》だけ茹でるのでは手間も塩ももったいないですね。ほうれん草を茹でたら次は小松菜、えんどう豆というように、塩茹でする物はすべて茹でてしまって、冷蔵か冷凍をします。

そのまま、茹で卵を作ってしまってもよいですし、細かく切ったじゃがいもを茹でるのもよいでしょう。茹でた卵とじゃがいもがあれば、ポテトサラダも簡単にできます。


茹で卵は冷蔵だと匂いが出てしまってあまり長くもたないのですが、温泉卵はわりと日もちがします。ですから、温泉卵を作るときもまとめて作ります。

温泉卵は、朝ごはんにそのまま出したり、サラダやパスタにのせたりと、とても便利。

このように「この作業、ついでに何かできないかな」と考えるようになると、前向きに料理できるようになります。

まな板のゾーン分け

食材の“半作りおき”調理法

冷蔵:3日 | 冷凍:2週間

青菜

茹でて水気をきったら使いやすい大きさに切る。
冷蔵ならキッチンペーパーを敷いた保存容器に。
冷凍ならいったんバットに広げて凍ったら保存袋へ。

調理例

おひたし、ごま和え、卵焼き、パスタ、
煮びたし、みそ汁、オムレツ、ソテー

POINT

冷蔵の場合は毎日キッチンペーパーを取り替えると長もち。冷凍で用途が決まっていないときは、切らずにラップで巻いてそのまま凍らせても。

パプリカ

冷蔵:4～5日
冷凍:2週間

縦1cm幅に切り、
オリーブオイルで強火で
炒めて塩・砂糖各少々を
ふり、冷凍または冷蔵。

調理例

ツナ和えなどのサラダ、
ナポリタン、肉炒め

POINT

火を通しきらない程度にしておくと、料理として仕上げたときにちょうどよい歯ごたえに。

生卵

冷凍:2週間

洗って拭き、保存袋で冷凍。
水をかけると殻がむける。

調理例

粉をつけて揚げたり、
黄身を取り出してみそ漬けに

じゃがいも

冷蔵:4～5日
冷凍:2週間

茹でてつぶしたら使う分量
ずつラップで包み、保存袋へ。

調理例

コロッケ、ポテトサラダ、
マッシュポテト、サンドイッチ

豆腐

冷凍:2週間

適度な大きさに切り、キッチンペーパーを敷いた保存容器に入れて冷凍する。

調理例

ハンバーグ、炒り豆腐、揚げ出し豆腐、ナゲット、そぼろ

POINT

凍ったら保存袋に入れ替えると空気に触れにくくなり、また、省スペースにもなる。

みょうが

冷蔵:1週間
冷凍:2週間

薄く水を張った保存容器で冷蔵または刻んで冷凍。

調理例

うどんや冷や奴の薬味など
※冷蔵の場合水は毎日替える

ねぎ

冷凍:2週間

小口切りなど用途に合わせて切り、保存袋で冷凍。

調理例

うどん、そば、冷や奴(小口切り)、鍋(斜め切り)

冷蔵:6〜7日 | 冷凍:2週間

きのこ

好みのきのこ数種類を用意。石づきを取り、食べやすい大きさに切ったら大きめのざる(なければ新聞紙)に並べて半日から1日天日に干し、保存袋へ。

調理例

クリーム系・トマト系などのソース、パスタ、きのこ炒め、みそ汁、スープ、茶碗蒸し

POINT

干したあと、バターで焼いてしょう油・塩・こしょう各少々で軽く味つけしておくのもおすすめ。フライパンに押しつけるように強火で焼くのがポイント。

冷蔵:1週間 | 冷凍:2週間

キャベツ

ひと口大に切り、塩昆布（100g当たり8～10g）と
サラダ油（100g当たり小さじ1）とともに保存袋に入れて
上下左右に振って混ぜ、そのまま保存。

調理例

そのままサラダに（冷蔵 2日目まで）、
焼うどん、ひき肉と混ぜてギョーザのタネに

POINT

もみ込むと食感が悪くなるので、振って混ぜるようにする。味をつけず冷凍したいなら、茹でて水気をきってから保存袋で。

冷凍:3週間

パセリ

茎を取って葉だけにして保存袋へ。みじん切りで使うなら凍ってから袋ごともむ。

調理例

エスカルゴバター、スープや
サラダなどのトッピング

POINT

パセリの茎も香りがよいので捨てないで。スープのだしに使ったり、凍ったままお酒のマドラーにも。

冷凍:3週間

チーズ

適度な大きさに切り、ラップに包んでから保存袋へ。

調理例

そのまま食べるチーズは
食べごろになってから冷凍する

冷凍:3週間

しょうが

皮をむいて輪切りにして保存袋へ。

調理例

凍ったまますりおろすか半解凍して
さらに細かく切る

冷凍:2週間

レモン

輪切りやくし形切りなど、
使いやすい形に切り
保存袋で冷凍。

調理例

紅茶などの飲み物に入れる
など、普通のレモンと同様に

POINT

輪切りをまとめて冷凍する場合、1時間程度凍らせたら袋をゆすってバラす工程を3回ほど行う。

冷凍:2週間

油揚げ

そのままか適度に切ってラップしてから保存袋へ。

調理例

油抜きすることで解凍できる。
みそ汁や煮物など普通に使用可能

冷凍:2週間

かぼす
すだち

半分に切って保存袋に入れて冷凍。

調理例

凍ったままお酒などに入れる。
うどんや煮物などに

冷凍:2週間

豚こま肉

肉の重さの1%程度の塩と酒・油・酢各少々をもみ込んで、
使いやすい量に分けてラップで包み、保存袋に入れて
冷凍する。

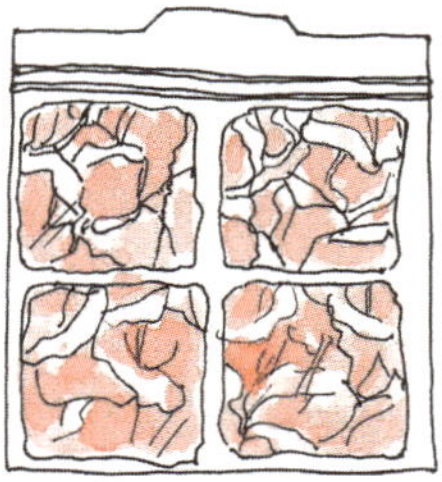

調理例

基本的に普通の豚こま肉と同じように
使うことができる。塩肉じゃがにもおすすめ

POINT

広げてラップにくるむと、肉巻きのときに便利。

冷蔵:5日｜冷凍2週間

にら・もやし

切ったにらともやしを軽く茹で、冷水にさらす。
水気をきったらナムルダレ（P.47）をさっと混ぜて
保存容器か保存袋で冷蔵または冷凍。

調理例

冷蔵の場合はそのままナムルとして。
冷凍後はスープ、炒め物、焼きそばに

POINT

ナムルで食べるのではない場合、ナムルダレのごま油を半分ほどサラダ油にして香りをひかえめにしておくと使いやすい。

冷蔵:5日
冷凍:2週間

にんじん

千切りにしてマリネ
（塩、白ワインビネガー、油で和える）にする。

調理例

冷蔵ならそのままサラダ。
冷凍したらスープや
炒め物などに

POINT!

分量はにんじん2本に対し、塩小1/2、ビネガー大2、油／太白ゴマ油など大2～3。

冷凍:2週間

唐揚げ

保存袋で下味をつけてそのままか、揚げてから冷凍。

調理例

冷蔵庫で解凍し衣をつけて揚げる。
揚げてある場合はトースターで

冷凍:2週間

トマト

湯むきしてから適度な大きさに切り、保存袋で冷凍。

調理例

氷の代わりに冷たいめんにのせたり、
トマトソースや煮込みに

大根

冷蔵:6日
冷凍:2週間

皮をむいて2cm幅に
切り面取りしたら
昆布だしに塩少々
入れて茹でる。

調理例

煮ても、焼いても、
炒めても美味。
洋風の味つけにも

POINT
冷まして茹で汁ごと保存容器または保存袋に入れると旨みが染み込んで美味しくなる。

山いも・長いも

冷蔵:5日
冷凍:2週間

拍子木切り、またはとろろにして
保存袋に入れる。

調理例

拍子木切りならバター炒めなど、とろろは
山かけなど通常通りに

ベリー類

冷凍:2週間

洗ってよく水気を拭き取ってから
保存袋で冷凍。

調理例

氷代わりにドリンクに入れたり
ヨーグルトやシリアルにプラス

冷蔵:6日 | 冷凍 2週間

豚ひき肉

みじん切りの玉ねぎを油で炒め、しんなりしたらひき肉を
投入。脂が透き通るまで炒めたら余分な脂を取り、
塩、しょう油、ガーリックパウダーで味つけ。

調理例

そぼろご飯、チャーハン、卵焼き・オムレツ、
茹で卵や豆腐とさっと煮る

POINT
分量の目安はひき肉500gに対して玉ねぎ1個、塩小1、しょう油小1/2、ガーリックパウダー小1/2。

冷蔵:6日 | 冷凍:2週間

根菜

ごぼうはささがき、れんこんやにんじんなどは薄めのいちょう切りにして塩をふって油で炒め、酒をふってふたをし2分蒸す。めんつゆを加え3分炒める。

調理例

豚汁、マヨネーズで和えてサラダ、根菜カレー、根菜ハンバーグなど、幅広く使える

POINT

酒で蒸したあと、食材を上下に返してからめんつゆを加えて炒めると均一に火が通る。火は通しすぎず、歯ごたえが残るようにしておく。

冷蔵:6日
冷凍:2週間

たらこ

たらこの薄皮を取り、フライパンに酒とともに入れてポロポロになるまで炒める。

調理例

おにぎり、パスタ、チャーハン、しらたき炒め、サラダ

POINT

酒の分量はたらこ3腹に対して大1程度。ゴムベラなどで押しつけるように炒めるとよい。

冷蔵:6日
冷凍:2週間

豚バラブロック

肉の重量の2%の塩をもみ込み、ラップをして保存袋へ。

調理例

そのまま焼いて食べたりチャーハンに使うなど何にでも

冷蔵:6日
冷凍:2週間

さけ

さけをグリルで焼き、油とだししょう油を加え粗めにほぐす。

調理例

おにぎり、お茶漬け、パスタ、チャーハン、混ぜご飯、サラダ

玉ねぎ

冷蔵：6日
冷凍：2週間

みじん切りにしてキッチンペーパーの上に広げ塩をふり、よくもんだら流水で洗う。

調理例

ハンバーグやチャーハンなどオールマイティに使える

POINT

流水で洗うときはペーパーで包んだままで、よくぬめりを取ること。また、水気をよくきること。

紫玉ねぎ

冷蔵：10日間

スライスしてポリ袋に入れ、塩少々と酢をふる。

調理例

翌日から辛みなく食べられる。サラダやサンドイッチなどに

あさり

冷凍：2週間

砂抜きしてからよく洗い保存袋に入れて冷凍。

調理例

冷凍後も普通のあさりと同様に食べられる

冷蔵：6日 | 冷凍：2週間

牛こま肉

肉は湯通ししてから、しょうが（千切り）、水、酒、しょう油、砂糖、みりんと煮る。汁気がなくなるまで煮詰める。

調理例

そのままでも食べられるが、混ぜご飯、煮物、和え物、めん類、チャーハンなど

POINT

分量の目安は肉500gに対し、しょうが15g、水1/2カップ、酒大2、しょう油大3、砂糖大2、みりん大1。

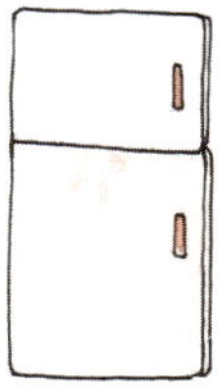

時短料理の彩りと栄養バランスを底上げしてくれるミックスベジ

一度使った食材を切って冷凍・冷蔵しておくときは、自分がよく使う形にしておけばよいのですが、ひとつおすすめがあるのでご紹介します。

それはミックスベジタブルです。

スーパーの冷凍食品コーナーでよく見かける、あれです。私は食感が好きではないので市販品は使わないのですが、あるととても便利。ということで、自分で作っています。

使う野菜は、通年そろうにんじんと玉ねぎがレギュラーメンバーですが、ほかの野菜はそのときに安い物、半端に残った物……と、いつも少しずつ違います。

たとえばなす、セロリ、パプリカ、ズッキーニ、大根、かぼちゃ、キャベツ、ブロッコリーの茎、ごぼう、れんこん、エリンギ、マッシュルームなど。

私の場合はだいたい10種類ぐらいを使います。そうすると美味しく、彩りがよく、栄養バランスもよくなります。

また、ベーコンや小さく切った鶏もも肉など、肉類が入ることもあります。

作り方は簡単で、1センチぐらいの角切りにして、油で炒めて粗熱が取れたら冷凍するだけ。炒めておくことで、使うときにかなり時短になります。使う量に分けて、保存袋に入れておくようにしましょう。

一回出した野菜はその日使わない分も切ってしまうということをご提案しましたが、その際にミックスベジタブル用に切っておくのもおすすめです。

ミックスベジタブル用の保存袋を用意しておいて、2~3日間そこにストックしておくと自然とバランスよくいろいろな野菜が集まります（この段階ではまだ冷蔵庫保存でOK)。足りなければその時期に安い旬の野菜をプラスしましょう。

このミックスベジタブルが、本当に便利！　たとえば朝、お鍋でお湯を沸かして、コンソメとこのミックスベジタブルを入れれば、彩りスープのできあがり。油で炒めてあるので、旨みもあって美味しいです。

トマトペーストを加えれば、ミネストローネのようにもなります。缶詰などのミックスビーンズを加えてさらに栄養のバランスを整えたり、ショートパスタも加えればその一品で主食にもなります。パスタではなくご飯を加えてチーズをふればリゾットにもなりますね。

ほかにもオムライス、チャーハン、パスタ、グラタンなどなど、さまざまな料理に使えます。

ちなみに、卵焼きに入れたりするとお弁当が一気にカラフルになりますよ！

ミックスベジタブルを作るときはたくさんの野菜を使うので、一緒にベジブロス＝

野菜だしも作っておくとよいでしょう。皮やへた、種、玉ねぎの薄皮、とうもろこしの芯など、捨ててしまう部分でも煮込むととてもよいだしになります。皮付近には栄養素が多くあるので体にもよいです。

ベジブロスの保存は冷蔵庫で3日程度ですが、水を使う料理ならほぼ万能に使えるので、意外と早くなくなります。カレーの煮込みやみそ汁、煮物などなど、ワンランク上の味になりますのでぜひお試しください。

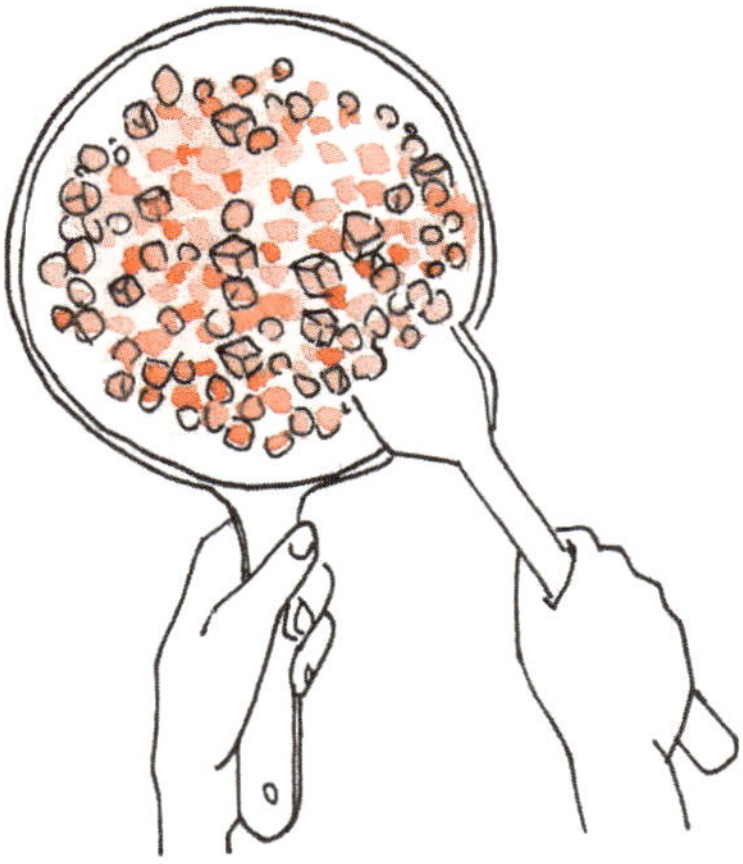

自家製ミックスベジタブル

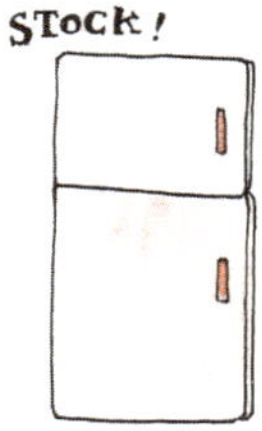

歯ごたえを楽しむ食材以外は迷わず冷凍していい！

作りおきをしておきたいけど、どんな物がOKでNGなのか、生のままがいいのか、加熱してからがいいのかわからない……よくそのような質問をされるのですが、答えは簡単です。

だいたいの物は、生でも加熱後でも冷凍して大丈夫！

難しく考えることはありません。もし、多少不向きな物を冷凍してしまっても、食べられなくなることはほとんどありません。

これは冷凍できるのか、どうやってすればいいのかと考えて立ち止まるより、とりあえず凍らせてみようというような、気楽さが大切です。

冷凍庫で保存をすると、歯ごたえは悪くなります。ですからレタスのように、生のまま食べて歯ごたえを楽しむような食材は向きません。基本的に加熱調理用向きだと考えてください。それを大前提としてわかっていれば、大丈夫！

じゃがいもや豆腐は冷凍できないとよくいわれますが、そんなことはありません。じゃがいもは加熱してから冷凍しておけば、マッシュポテトなどに利用できますし、豆腐は豆腐ハンバーグなどの料理に使えます（豆腐は冷凍するともろもろした食感になってしまうのでそのまま食べるのには向きません）。

また、卵は生のまま冷凍しておくと白身と黄身が分けやすくなるので、黄身のみそ漬けなどを作るときに便利です。もちろん、茹で卵も冷凍しておけますのでサンドイッチやサラダなどに使えます。

使いきれないことが多いバジルなどのハーブ類は、ラップにくるんだり邪魔にならなければパックのまま冷凍してしまってOKです。

みょうがなどの薬味類は、すぐに使うなら小さな保存容器の中で根本だけ水につけた状態で冷蔵しておくのがよいですが、しばらく使う予定がなければ刻んで1回分ずつラップに包み、フリーザーバッグに入れて冷凍庫で保存すると霜がつきません。

肉の冷凍は生のままでも、下味をつけた状態でも、最後まで調理し終わっていても、どの段階でも大丈夫です。ただし、鶏の胸肉、ささみは加熱してから冷凍するとパサパサになって食べにくくなるので、このふたつは生のまま冷凍するのがおすすめです。

また、ハンバーグは中まで加熱せず表面だけを焼き固めた状態で冷凍しましょう。そうすると、ドリップ（汁）が出づらく、食べる際に加熱しても火が通りすぎず、美味しく仕上がります。

肉だけに限りませんが、保存の際は、なるべく空気に触れさせないことが美味しく保存するポイントです。肉を買ってきたトレイのまま冷凍すると、空気に触れ続けていることになりますし、冷凍庫のスペースも無駄に使ってしまうので、できればラップに包み直し、それを保存袋に入れてから冷凍庫へ入れてください。

ちなみに保存袋は直接食材を入れていなければ洗って再利用します。捨てる場合は、三角コーナーのように置いておきゴミ袋として使ってから捨てます。

クリームシチューなどのように汁気がある物を袋ではなく容器に入れて保存する場合、どうしてもシチューとふたの間に隙間ができて空気に触れてしまいます。そんなときは、シチュー表面にラップをかける〝落としラップ〟をすると美味しいまま保存できます。この落としラップはレストランでも行う方法で、食品保存の基本ですので、ぜひ活用してください。

保存できる期間は食品によって多少違いますが、冷凍庫に入れた物は基本的に2週間で使いきるようにしていれば大丈夫。

冷凍なのに意外と短いと思われるかもしれませんが、長く保存するとやはり味は落ちますし、冷凍庫の中で忘れられていくことになります。冷凍庫・冷蔵庫を上手に使いこなすためには、つねに新陳代謝をよくしていたほうがよいので、早め早めに使うよう意識しましょう。

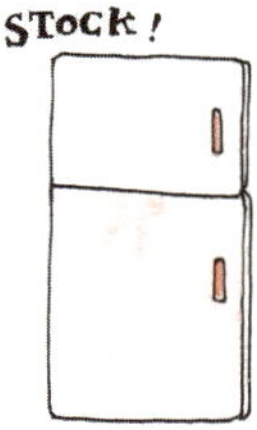

冷凍庫の中をラベル収納すれば探している物がすぐに見つかる

冷凍庫の中がごちゃごちゃだと、無駄にしてしまう物が出てきます。また、探す時間も増えます。何がどこにあるのか、ひと目でわかるように整理しましょう。

冷凍庫の中をわかりやすく整理するためには、まず中を以下の6つのカテゴリーに分類してみましょう。

①肉
②魚
③手作りおかず

④下ごしらえした野菜
⑤パン、ご飯
⑥市販の冷凍食品

まずはいったん、冷凍庫の中身を全部出してください。中をアルコールスプレーなどでピカピカに磨きあげたら、ブックエンドをふたつ使って、中を3スペースに分けます。ブックエンドは100円ショップの物でOKです。

次にそれまでに冷凍庫に入っていた物を、それぞれのカテゴリーごとに収納していきます。カテゴリーは6つでスペースは3つですから「①肉」「②魚」は同じスペースに。同様に「③手作りおかず」「④下ごしらえした野菜」でひとスペース、残りは「⑤パン、ご飯」「市販の冷凍食品」です。

このカテゴリーに入りきらない物もあります。たとえばチーズやバターなどの乳製品、アイスクリームなどです。そういった物は、余裕のあるスペースに入れてください。ただし、迷子にならないように、カテゴリーごとに場所を決めて入れることが大切です。

　もちろん、このカテゴリー分類が合わない人は、自分なりにアレンジしてください。市販の冷凍食品は買わない、パン・ご飯は冷凍しないという人もいるでしょう。

　私の場合、6分の1スペースはチーズになっています。私は無類のチーズ好きなので、美味しいチーズがセールになっているとまとめ買いしておくからです。セールになっているチーズは賞味期限切れが近いと手を出さない方が多いのですが、実はセールになるころが一番熟していて食べごろなのです。それでいて半額などのお値打ち価格で買えるので、お得です。

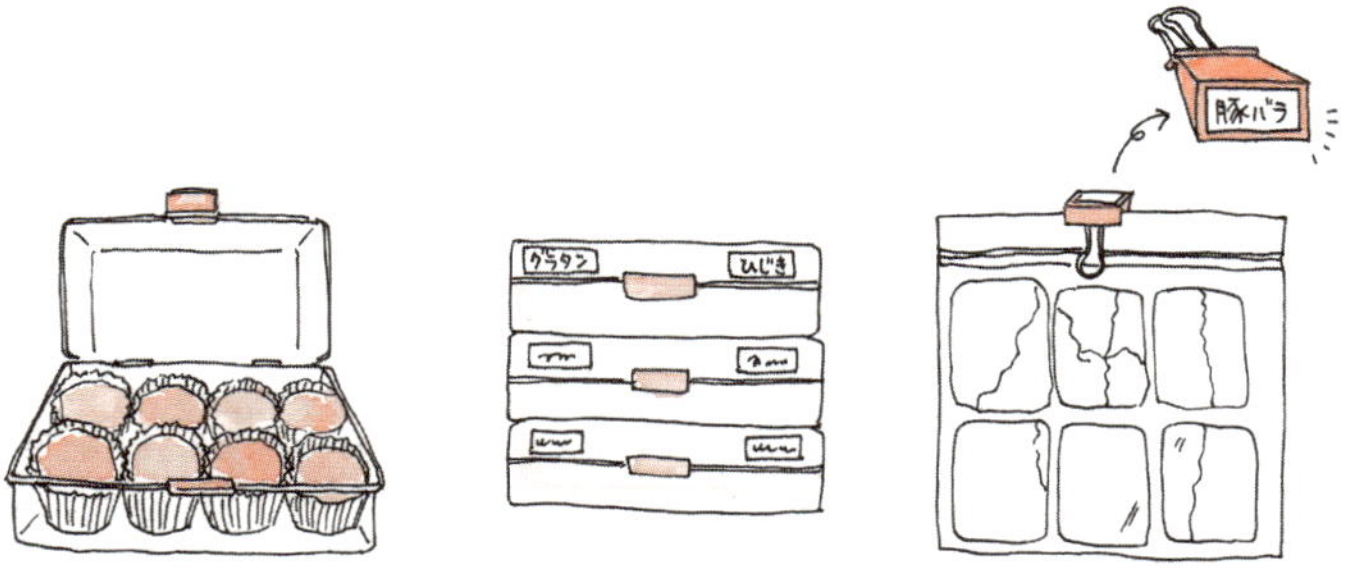

冷凍庫のラベル収納

このように自分なりに変えていただいてよいのですが、冷凍庫の上部にある薄い引き出し部分は収納に使わないでください。ここは料理や下ごしらえした野菜を凍らせるためのスペースなので、つねに空いているようにしましょう。

冷凍庫の中は基本的に〝立てる〟収納を心がけてください。〝積み重ねる〟収納は魔窟《まくつ》の原因になるからです。保存袋を縦に入れるためには、袋に薄く均等に広げて凍らせる必要があり、そのために冷凍庫上部の引き出し部分が必要なのです。

しっかり凍ったら中身と冷凍した日付をマスキングテープや名前シールに書いてダブルクリップに貼り、保存袋の上部に留めます。すると、冷凍庫を開けたときに、背表紙を見せて並んでいる本棚のようになり、ひと目で探している物が見つかります。

ちなみに、手作りおかずは1食分ずつをアルミカップに入れて凍らせたら、ふたつきのプラスチックケースに入れて収納すると便利です。私は100円ショップの高さ5センチのケースを愛用しています。小分けにしておくことで、お弁当にもそのまま入れることができます!

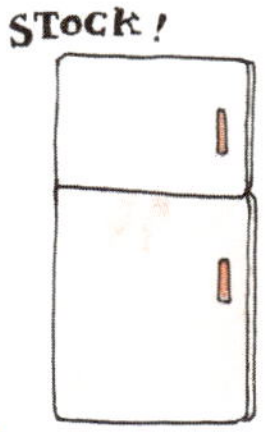

特に「切る」「むく」に使うキッチンアイテムを厳選する

効率よく料理をするためには道具選びも重要です。おすすめの道具はたくさんありますが、まず、そろえていただきたいのは「切る」「むく」に使う料理道具。

料理の中でどの工程が一番大変ですかと聞くと、切る・むく、または、味つけと答える方が圧倒的です。味つけの悩みは、自家製ダレ（P.38）で解消できます。切る・むくの場合は、まとめ切りしてストックしておくことで毎回の料理の負担は減らせるものの、自分でやることに変わりありません。

そこで、ちょっと贅沢していただきたいのは、切るための道具。まず見直したいのがキッチンばさみです。もうもっていると言われるかもしれませんが、そのはさみ、きちんと切れますか？

キッチンばさみはとにかく便利です。にらやほうれん草などの葉物野菜を切ったり、ねぎを刻んだり、昆布やわかめを切るのはもちろん、肉やハムなどだいたいの物は切れます。デニッシュやメロンパンなど、包丁で切るとつぶれて粉がボロボロ出るようなパンも、実ははさみならふっくらしたまま切れます。チーズが包丁につき、具が落ちやすいピザもおすすめです。

また、はさみで切れば当然ながらまな板を汚すこともありません。

ただし、切れが悪いとそうはいきません。ですから現在お使いの物が、100円ショップで購入した物や何かのおまけでついていた物などであれば、刃物メーカーの物に交換してみてください。それまで包丁で切っていた物も、スパスパとはさみで切れるようになるため、下ごしらえが簡単になります。

現在お使いの物も捨てる必要はありません。袋の口を切るなど、食品以外の用途で使うのに役立ちます。本命のはさみはあくまで食品用にしましょう。

薄切り、千切りはスライサーにおまかせしましょう。こちらもちょっといい物を使ってほしいのですが、何種類もの歯がついている物でなくてかまいません。千切りも専用の歯でやってしまえば簡単ですが、スライサーの千切りはギザギザの歯で野菜が傷つき、歯ざわりが悪くなります。ですからスライサーで薄切りにしたあと、包丁で千切りにするのがベスト。それでもかなり手間は減ります。

皮むき器も長い野菜（ズッキーニなど）を薄切りにしたいときや、細かいささがきにしたいときなど、皮むき以外にも使えます。こちらも100円ショップではなく、刃物メーカーの物のほうが、なめらかにむけておすすめです。

100円ショップはとても便利で、使える物がたくさんあるのですが、料理の基本に直接かかわるものは、きちんとしたメーカーの物でそろえましょう。たとえば刃物の切れ味がいいなど、使いやすさはある程度値段に比例するからです。

とはいえ100円ショップにも便利な物はたくさんあります。小さなバットは料理ごとに材料を仕分けるのに役立ちますし、一辺がスケールになっているプラスチックのまな板は、食材をそろえて切るのにとても便利。食材を同じ長さに切りそろえると、見た目や美味しさが違ってきます。小指や人差し指などの自分の指の長さを把握しておけば、スケール代わりになるので早く切りそろえられます。ちなみに私の小指は6センチ。千切りはいつも6センチを目安にしています。

100円ショップに限りませんが、逆に必要ないのが「〇〇専用」アイテム。とうもろこしの実を取るナイフ、パイナップルの芯を抜くカッターなどが売られていますが、それは包丁でできますし、使用頻度も低いので、やがて使わなくなります。

時短のためには保温調理器も便利です。火にかけている間は当然そばにいなければならないので、なかなか煮込み料理は手が出ないという人でも、保温調理器があれば朝セットしておくだけで夜には食材がやわらかくなり、あとは仕上げるだけ。

料理に味が染み込むのは、煮込んでいるときではなくて、その後ふたを開けて強めの火にかけているとき。食事のしたくをするときには、この工程だけをすればよいので、煮込み料理も簡単、手軽にできます。

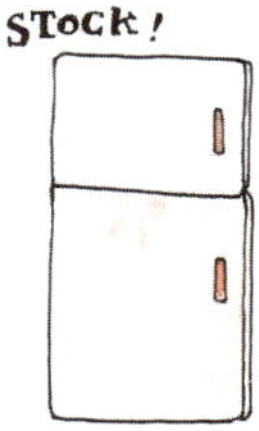

時間がないときや急なお客様とは〝ご自由に〟スタイルで盛り上がる

いろいろと作るのが面倒なときには、仕上げは家族それぞれにしてもらう「手巻き寿司スタイル」の食事にしてしまいましょう。

手巻き寿司スタイルといっても、内容は手巻き寿司でなくてかまいません。要は、トッピングの中から自分の好きな物を選んで食べてもらうというスタイルです。

我が家では子どもが大の野菜好きなので、セルフサラダをよくやります。

用意するのは野菜と焼いたベーコン（またはハムやサラダチキンなど）や茹で卵ぐらい。あとはつねに用意されているサラダセット（ベーコンビッツ、フライドオニオン、クルトン、くるみなどのナッツ）とドレッシング3種類ぐらいを出すだけ。スライスしたバゲットとチーズでも一緒に出せば、食卓は彩りよくいっぱいになりますし、お腹もふくれます。

焼肉のときも同じように、自由に選べる物をたくさん出します。サンチュなどの葉物野菜、ネギの千切り、大葉、かいわれなどの野菜のほか、韓国海苔やキムチ、ナムルなどを用意したら、あとはホットプレートで肉を焼いていくだけ。

ホットプレートを用意するのが面倒ならば、肉はあらかじめ焼いた物を出してもかまいません。ほかに煮豚、塩豚、茹で豚、サラダチキンなど、焼肉に限らずお肉がメインの料理のときはこのトッピングスタイルが楽しめます。

ふだんの食事だけでなく、気のおけない友人が遊びに来たときは、私も一緒にテーブルにいておしゃべりができるように、オイルフォンデュやラクレットのチーズ焼きを用意します。

私はチーズが大好物のためラクレットオーブンもそろえてありますが、チーズ焼きはホットプレートでもできます。『アルプスの少女ハイジ』にも出てきたラクレットチーズはとろ〜りとけて、パンでも野菜でも肉でも、何を合わせてもとってても美味しく食べられるのです。絶対盛り上がること請け合い！

ただしチーズはお腹で固まってしまうので、冷たい飲み物はＮＧなのだそう。お酒を飲む場合は常温のワインなどといただきましょう。

このような〝ご自由にスタイル〟で食事を用意すると、具材があまりがちですが、あまった物は翌日のサラダなどに活用すれば、次の食事も楽になります。

たこ焼きも、みんなが楽しめる料理です。具材をたこだけでなくウインナーやチーズ、牛すじなどいろいろ替えてみたり、ホットケーキミックスやチョコレート、バナナでデザートを作ってみたりいろんなバリエーションがあります。

焼く手間はかかりますが、子どもが小学生などある程度大きいのであれば自分でやらせてみるといっそう楽しんでくれます。

大した食材がそろわないときは、おにぎりと卵焼き、ウインナーなどをお弁当箱に詰め、ベランダなど、ふだんとは違うスペースにレジャーシートを敷いて食べればピクニック気分にもなります。

子どもはイベントが大好きなので、そういう「ふだんと違う」ことをすると大よろこび！　忙しくて買い物もできず、大した食材もないようなときには、そんな奥の手を使ってみてください。

パーティースタイルなら
手抜き感がない！

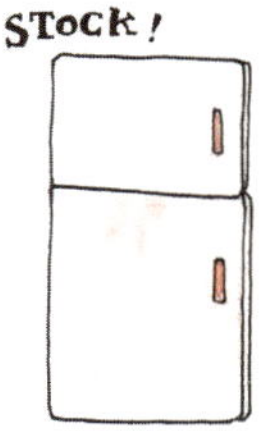

料理の工程表をイメージし、まとめてやることで効率アップ

これまでに紹介したように、ついでに作った作りおきのおかずや、半作りおき食材&タレがあれば、15分程度でかなりしっかりした食事を用意することができます。それでもまだ時間がかかってしまうという人は、無駄な動きをしなくて済むように、料理の工程を横割りして整理してみましょう。

工程は次の6つです。

①食材を出す

②洗う・むく、切る

③下味
④加熱
⑤味つけ
⑥保存

それぞれの工程は料理を何品作るとしても、できるだけまとめてやることが大切です。

まずはバットをもって、使う食材をすべて取り出しておきます（夏場は傷みやすい肉や魚などを長時間室温に放置しないよう注意）。どれがどの料理の材料か混乱する人は、100円ショップで小さなバットが売っているので、出してきた食材を料理ごとに違うバットに移しておくとクリアになります。

出してきた食材の中で洗わなければいけない物は、まずすべて洗い、次に切るべき物はすべてまとめて切ります。なるべく途中で洗い物をしないほうが、当然料理は短時間でできるので、まな板もふたつあるのが理想的。私の場合は木製のまな板のほか、肉・魚用にプラスチック製のまな板を用意してあります。

肉・魚は雑菌があり、匂いもつきやすいので同じまな板でも、裏表など使い分けている人も多いのではないでしょうか。私が別のまな板を使うのも同じ理由です。

野菜は白い物から順に切っていきます。具体的には白→黄色→赤→黄緑→緑です。野菜でいえば、大根やかぶ→にんじん→トマト→レタスやきゅうり→ほうれん草という感じ。このようにすることで、途中でまな板を洗わずにどんどん切っていくことができます。途中、汚れが気になったらキッチンペーパーで拭き取ります。

切り終わった野菜は使う料理・タイミングごとにバットなど器に入れておきましょう。たとえば1個の玉ねぎをハンバーグ、サラダ、スープに使うなら、それぞれの料理ごとの器に入れておきます。作る料理が3品でも器は3つで済むわけではありません。同じ料理に使う野菜でも、加熱するタイミングが違うなら器を変えなくてはいけません。

料理番組をイメージしてみましょう。「ではまず、先にショウガを入れて香りを出します」と言って小皿に入ったショウガをササッと入れ、「次に小松菜の茎の部分から炒めておきましょう」と言って次の皿からフライパンへ。「しんなりしてきたら葉の部分も加えます」といった具合。この小松菜のようにひとつの食材でも、炒めるタイミングが違うなら、入れておくべき皿も変わります。

そんなことをしていると皿洗いが大変と思われるかもしれませんが、料理の効率を上げることで、皿洗いの時間は増えたとしても、トータルの料理時間は短縮されます。

使うお皿はプラスチックの物で十分です。軽くて、ちょっとぐらいぶつかっても割れず、電子レンジにも対応している物。私も100円ショップの4~5枚で100円の物を使っています。重ねてしまえばかなりコンパクトになるので収納スペースも取りません。

料理の工程をまとめておくと、先にやっておくべきこと＝前倒しできることも見えてきます。塩もみ、酢漬け、マリネにするなら、漬け込む時間が必要ですし、唐揚げやハンバーグなら、下ごしらえをしたあとに寝かせなければいけません。

逆に考えれば、これらの作業は時間があるときに前倒ししてやっておくことができるということ。唐揚げの下味をつけるのは大して時間はかかりませんから、前日の晩の見たいテレビが始まるまでの間など、何もなければボーッと過ごしてしまうような時間にやってしまうのです。

野菜の酢漬け、塩もみ程度なら、朝ごはんのついででもよいでしょう。

この5分ぐらいのちょっとした作業が、のちのち大きくいきてくるのです。

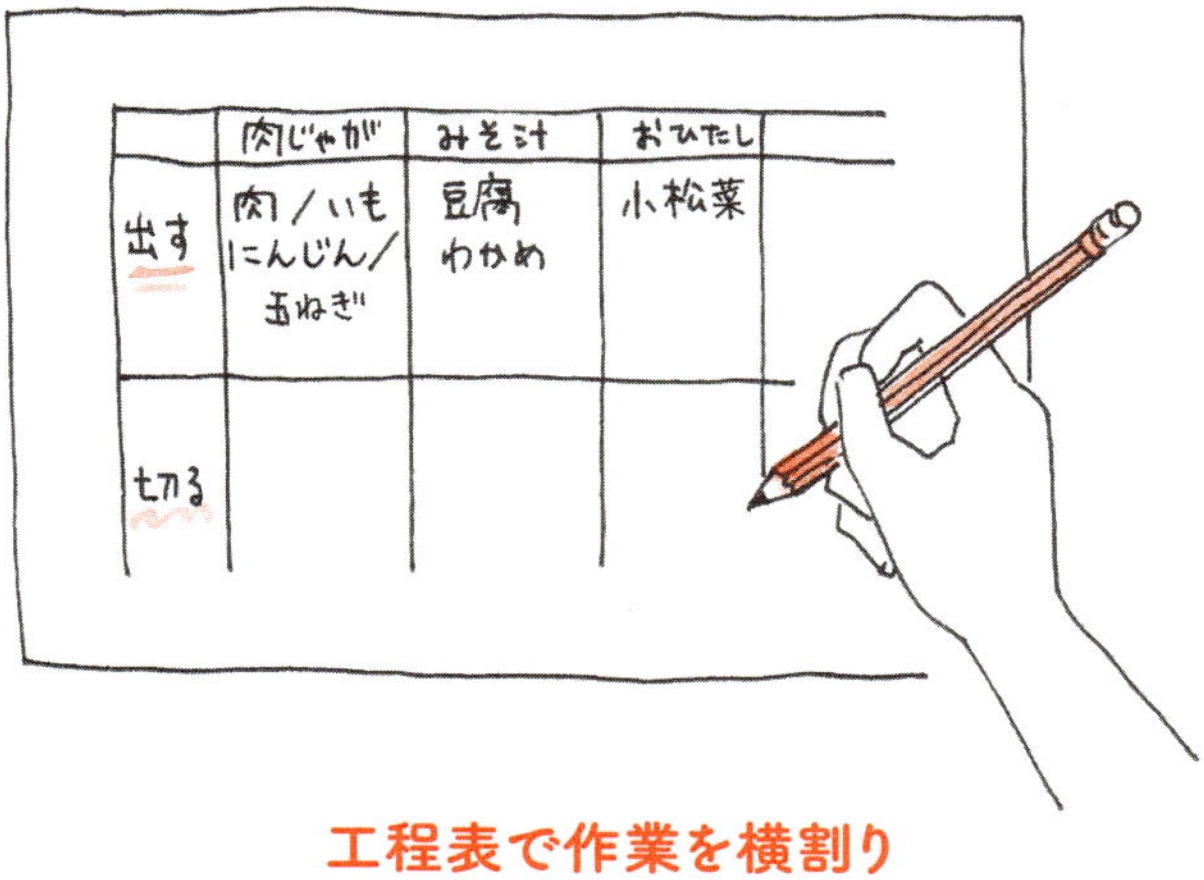

工程表で作業を横割り

第4章

時短だけでなく節約にも！かしこい買い物と片づけ方を身につける

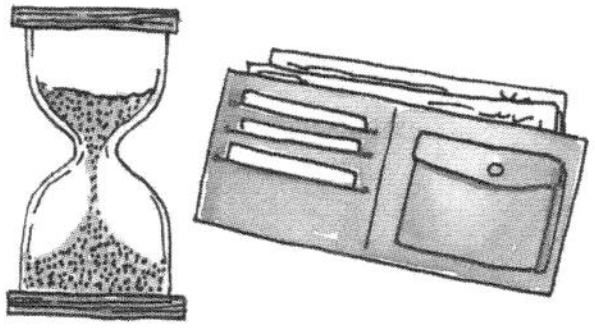

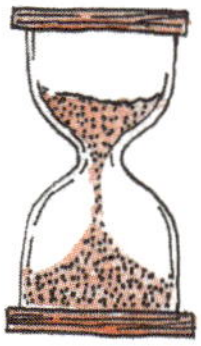

買い出しは週1回にして時間もお金も節約する

私は食事の買い出しを週に1回しかしません。その1回で、お弁当も作ります。

買い出しはスーパーなど店がどれだけ離れているかにもよりますが、片道5分としても、ついつい何を買うか迷ったり、レジで並んだりすると30分はかかってしまいます。その時間を減らすだけでも、自分のための時間を増やすことができます。

また、買い物に行くと、予定外の物まで買いやすく、結果的にお金も浪費してしまいます。買い物は頻度を減らし、手を抜きましょう。

1週間先のことまで考えられないという方は、第2章で紹介した「主菜カレンダーの食材」さえメモしておけば、あとは旬の野菜やそのときどきに安くなっている食材を買えば大丈夫。もちろん、何を作るかということまで決まっている人は、その食材もメモしておいてください。

買ってきた食材のうち、消費期限内に食べる予定のない肉や魚など、傷みやすい食材はすぐに冷凍してしまいます。

野菜は料理のたびについでに切ったり、心の余裕があるときにキッチンタイマーで3分だけ集中するなど決めて、まとめて切っておきましょう。

このようにしていくと週の後半ごろには、食事作りの下ごしらえの必要がほとんどなくなっていきます。

1週間分の食材をまとめ買いするとなると、かなりの量になるので、効率的に動かないと時間もかかってしまいます。

まず、食材を買うときに用意するメモですが、スーパーの売り場順に書いておきましょう。思いついたときに書いておくという人も、あらかじめメモをスーパーのコーナーごとに分けておくと便利です。

スーパーは基本的に入り口に野菜・果物があり、鮮魚・精肉は奥。そしてレジに近い場所に惣菜・パンがあります。

加工食品や卵、冷凍食品などは鮮魚・精肉コーナーよりも中央よりに置かれることが多いようです。

仕事の都合などで、時間がないのに初めて行くスーパーなどで買い物をしなければいけないときには、スーパーの基本を頭に入れて回ってください。

カートの使い方にもひと工夫。はじめから上下の両方にかごをのせておき、上には常温の食材、下には冷蔵・冷凍品を入れるようにしましょう。

こうしておくことでレジの間も、常温品のかごが終わったら冷蔵・冷凍品を通してもらっている間にエコバッグに詰めていくことができ、時間が短縮できます。

車で買い物に行くのなら、かごタイプのショッピングバッグにするのもかしこい方法。カートにまず自分のかごをのせ、その上にスーパーのかごを重ねて買い物をして、レジでマイかごを渡してそちらに入れてもらうだけ。移し替えの手間がありません。

私には兄が3人いますので、食べ盛りの学生時代は、家の買い物が業者のような量になっていました。なので、尋常ではない量の買い物をどうやったら効率的にできるかいろいろ工夫をして試していたのです。嬉しいことに、そのときのワザが今いきています。

常温品と冷蔵・冷凍品を分けて入れておくと、帰宅後バタバタしていても、まず冷蔵・冷凍品さえ入れてしまえば仕分けも楽になります。

ショッピングカートは
2段使い

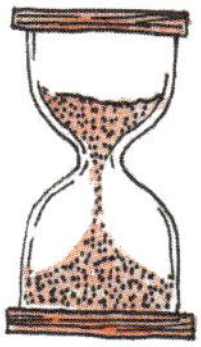

週1回の買い出しで済むようになる野菜が長もちする保存法

買い物の回数を減らすためには、食材をなるべく新鮮な状態で保つことが重要です。肉や魚は特別な冷蔵庫でない限り、消費期限内に食べないのであれば冷凍することを既におすすめしていますので、ここでは野菜類の保存方法についてご紹介します。

まず、野菜は育った環境に近い状態で保存することが大切。土の中で育った根菜類なら新聞紙などでくるんで冷暗所保存がベストです。

冷暗所というのは文字通りひんやりした暗いところというのはイメージできると思いますが、具体的には15～22℃ぐらいの場所です。キッチンの収納戸棚や床下収納、階段下のスペースなど、暖かい季節でも中の空気がひんやりしている場所を探してください。そんな都合のよい場所はないという場合には、冷蔵庫の野菜室へ。

ほうれん草やアスパラガスのような、立って生えていた物は、冷蔵庫の中でも立たせておくようにしましょう。

次に、水分の蒸発を防ぐよう心がけてください。こちらはひと手間かかりますが、そのちょっとした手間で、段違いに鮮度が保てるようになります。

保存にはジッパーつきの保存袋（大・小）があると便利です。もったいない気がするかもしれませんが、野菜を入れておくだけなのでそれほど汚れません。野菜をラップにくるんで保存すれば、袋に野菜が直接あたることがなく、洗って再利用できますので活用してください。

野菜別の保存方法

●ほうれん草・小松菜……霧吹きで軽く水を吹きかけ、ペーパータオルでおおって保存袋へ。葉を上にして立てて冷蔵庫の野菜室で保存します。購入から3日以内に食べない場合は、茹でて冷凍しましょう。

●レタス・キャベツ……丸ごと保存する場合、芯はくりぬいておいたほうが長もちします。くりぬいた部分に濡らしたキッチンペーパーを詰め、全体をキッチンペーパーでくるんでから保存袋へ。芯があったほうを下にして冷蔵庫の野菜室で保存。1～2週間もちます。

●白菜……丸ごと保存する場合は新聞紙などで包んで冷暗所で立てておきましょう。1カ月近くもちます。カットしてある場合は切り口にラップをしてポリ袋へ入れ、冷蔵庫の野菜室へ。1週間以内に食べきりましょう。

●ブロッコリー……霧吹きで軽く水を吹きかけ、ペーパータオルで包んで保存袋へ。茎のほうを下にして立てて冷蔵庫の野菜室で保存しましょう。変色しやすいため購入から2～3日以内には茹でてしまったほうがいいでしょう。

●アスパラガス……根本に濡らしたキッチンペーパーを巻き、保存袋に入れて冷蔵庫の野菜室に穂先を上にして立てて保存。3日以内に使わない場合は硬めに茹でて冷凍保存しましょう。

●なす……保存袋に入れ、数カ所穴を開けて、夏は冷蔵庫の野菜室へ、それ以外は冷暗所で保存。3〜4日以内に使わない場合は、フリーザーバッグに入れて冷凍保存を。

●トマト……キッチンペーパーを敷いて、へたが下になるように置いて保存袋へ入れましょう。冷蔵庫の野菜室で5日〜1週間程度もちます。

●きゅうり……表面に水分がついているならよく拭き取り、1本ずつラップします。冷蔵庫の野菜室でへたが上になるように立てて保存。4〜5日は鮮度が保てます。

●大根・かぶ……葉がついている場合は切り分けます。それぞれペーパータオルで包んで保存袋に入れ冷蔵庫の野菜室へ。根のほうは1〜2週間もちますが、葉は2〜3日以内に使いましょう。

●きのこ……しいたけは石づきを上にして保存袋か密閉容器に入れ、冷蔵庫の野菜室へ。しめじはかさを上にしてしいたけ同様に保存を。1週間以内に食べない場合は冷凍しましょう。

基本的には包んで、保存袋に入れて保存をします。また、きのこや根菜類などは切って天日干しすると長く保存できるようになり、味も凝縮されてよくなります。その後に冷凍もできるので、まずは半日ほど干してみてください。

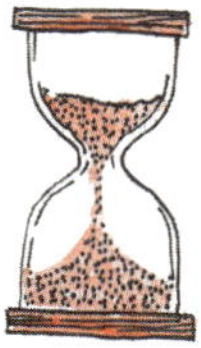

時間があるときのお店巡りが いざというときに大いに役立つ

買い出しには時間をかけたくない反面、料理に使う物はじっくり吟味したいという気持ちもあります。ですから私はふだんの買い出しとは別に、時間に余裕があるときにスーパー巡りをしています。

ひとつひとつの売り場をじっくりと見て、新商品など気になる商品があれば原料もしっかりチェック。いい物かどうかを見極めます。

必要であればその日に購入してもよいですが、すぐに必要のない物でもあらかじめチェックをしておくことで、ふだんの買い出しがスムーズになります。

行きつけのスーパー以外にも、通える範囲にスーパーがあるのなら、時間があるときにのぞいてみるとよいでしょう。いくつかスーパーを比較した中で行きつけを決めていると思いますが、スーパーは仕入れ担当が代わるといったことで、生鮮食品の品質の良し悪しが変わることがあります。もしかしたら、別のスーパーのほうが、行きつけのところよりも、よい物をそろえるようになっているかもしれません。

また、スーパーごとに商品の強みが違います。たとえば輸入食材に強いスーパーでは、外国産の品質の高いチーズやオリーブオイルなどがリーズナブルな価格で売られていたりしますし、プライベートブランドが充実しているお店もあります。

価格が高そうに感じるインターナショナルスーパーでも、たとえばセロリの大きな株や大ぶりのマッシュルームなど、普通のスーパーでは高価格な食材が安く売られていることがあります。

日本ではセロリはサラダに入れたり漬物にしてポリポリ食べる野菜というイメージがありますが、フランスやイタリアでは煮込みやスープにたっぷり使います。マッシュルームも実はフランスが原産とされていて、フランスではさまざまな料理にたっぷり使います。

つまり、どちらも庶民的な食材のため、インターナショナルスーパーでは比較的リーズナブルに売っていることが多いのです。

また、調味料はスーパーによって品ぞろえが大きく変わります。私は、食材は旬の物と特売の物をうまく利用して節約したいと思いますが、その分、調味料はちょっと贅沢でもよい物を使います。ですからスーパーごとの調味料の取りそろえもチェックします。

近年、亜麻仁《あまに》油、えごま油、インカインチオイルなど、健康油が話題になっていますが、そういった油をいち早く取り入れているスーパーは、健康情報も熱心に取り入れている信頼できるスーパーだなと思います。

料理や台所に必要な買い出しは食材だけではありません。たとえば私は月に1回程度、コストコにも通っているのですが、その大きな目的はキッチンの消耗品をゲットするため。たとえば厚手で使い勝手のよいキッチンペーパーや、たっぷり入って丈夫なジッパーつき保存袋。それから表面に粉がついていない調理にも使える使い捨てのゴム手袋も欠かせません。

ほかにも自家製ダレのページ（P.38）で紹介しましたが、タレを入れるためのお気に入りのボトルはホームセンターで見つけましたし、キッチン収納はニトリやカインズホーム、100円ショップ（それもセリアやダイソーなどあちこちの）、ＩＫＥＡなど、さまざまなお店でそろえました。

どの店にも似たような物はあるのですが、ほんのちょっとの違いで便利度が大きく違うため、どんな店にどんな物があるのかをチェックしておくと、いざというときにとても役立ちます。スーパーほどまめに行く必要はありませんが、このような雑貨店ものぞいてみてくださいね。

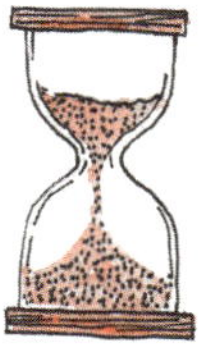

効率のよい皿洗いを覚えれば料理中は洗い物をしなくていい

台所しごとの中でも、皿洗いはやる気が出ないことが多いのではないでしょうか。何とか頑張って料理を終えて食事が終わったところでひと息ついてしまうと、もう動きたくないですよね。

それを何とか防止しようと、汚れ物が出るたびに洗っているという方もいるでしょう。かく言う私も「料理を作り終えたときに、洗い物も片づいている状態になっている人は料理上手」と耳にして、こまめな洗い物を実践していた時期がありました。だけどあるときふと気づいたんです。洗い物を優先するあまり、無駄な動きが多くなっていることに！

洗い物が出るたびに皿を洗っていると、肝心な料理の動きがそのつど止まります。何度も洗剤をつけたり、濡れたスポンジを絞って戻したり、手の汚れを落として拭いたり。それによって、次にやろうとしていたことを忘れてしまったり。

それぞれは大した時間ではありませんが、全体的な効率が一気に下がります。

とはいえ食事をする前に使った物を洗い終えてしまうということは、皿洗いのおっくうさを減らすためにもとても大切です。料理の効率を落とさずにそれを叶えるためには、次の3つのタイミングで洗い物をするようにしてみましょう。

①手を洗うとき
②食材を洗うとき
③ほかにやることがないとき

つまりは水をさわるついでか、煮込み待ちなど空いている時間ということです。

洗いきれなかった調理用具などは、食べたい気持ちをグッとこらえて、料理のしたくを終えたタイミングで洗い、できれば拭いてしまうところまでやってしまいましょう。とにかく出した物はすぐに戻すことを習慣化することが大切です。また、台所に何も出ていない状態のほうが、すぐに洗ってしまおうと思えるものです。

ただしカレー鍋のような、油がギトギトしている物は汚れを溶かす必要がありますので、あとに回したほうが効率的です。食事をしている間、鍋にお湯を張って台所用洗剤を垂らしておけば、勝手に汚れが浮き上がってきます。

食後は基本的にシンクの中は何もない状態ですから、気持ちよく皿洗いに取り組めます。

効率的なのは次の順番です。

1. 繊細なグラス、コップ類
2. 大きな物
3. 小さな物
4. 油がついた物

コップ類、特にグラスはスポンジに油がついていないきれいな状態で洗いたいですよね。洗ったあとは割れないように水切りかごではなく、敷いたふきんやタオルの上に伏せていきます。

次にシンクの中のスペースを作るためにも、大きな物から洗います。大きな物を洗い終わったら、コップやグラスを拭いていつもの場所にしまいましょう。そうしている間に次に洗った大きな物の水がだいぶきれていますので、そちらも片づけてしまいます。

次に水につけておいたご飯茶碗など、小さめの物を洗います。このとき、水切りかごに重ねていくのではなく、なるべく左右に整列させるよう意識してください。水がきれやすくなり、短時間で拭けるようになります。

最後に油がついた物をよく洗い、すべてを拭きあげてしまったら終了です。

私がいつもやっている効率重視の洗い方があるのでご紹介しましょう。それはスポンジに洗剤を足さないということ。代わりに、つけおきが必要な器の中に水を張って食器用洗剤を数滴垂らし、洗剤が足りなくなったと感じたら、それをスポンジに含ませながら洗うのです。スピードアップしますし経済的です。

掃除がとてもラクになる合言葉「その日の汚れは、その日のうちに」

台所しごとには、料理を作るだけでなく後片づけまでが含まれます。せっかく料理がはかどっても、後片づけに時間がかかってしまうと意味がありません。

後片づけに時間をかけないコツは、「汚れは熱いうちに手を打つ」ということです。汚れは放置するほど乾いて固まり、がんこになっていくので、落とすのも大変になりますが、汚れても時間をあけなければサッと拭くだけで済みます。

たとえば下ごしらえをしていて、作業台に肉汁などがこぼれてしまったとしましょう。そんなときはすぐにキッチンペーパーで汚れを拭き取り、シューッと除菌スプレーをすればよいのです。

私の場合は消毒用のアルコールを使っています。キッチンだけでなく洗面所や玄関、各部屋にもスプレーを常備。ドアノブやスイッチパネル、子どものおもちゃの消毒や、湿気やすい場所のカビ防止など、あらゆるところで使えて便利なので、家のあちこちにスプレーを置いています。

我が家ではキッチンで使う台拭きと、テーブルを拭く台拭きは分けていません。なぜなら汚れはそのつど落としていますし、除菌もしてあるからです。テーブルを拭くときも、水拭きではなくアルコールをスプレーして乾いた台拭きで拭いています。衛生的でおすすめです。

コンロも火を使い終わったら、すぐに拭いてしまいましょう。コンロや周辺を拭くふきんだけは油汚れ用として、ほかの台拭きとは分けています。

普通のふきんはすごく汚れてしまうことはないので、使い終わったら軽く洗って台所用漂白剤で除菌して干すだけです。ただ、油汚れ用のふきんだけはふきん用の固形石鹸を包みコロコロ転がしてふきんをこすり、汚れを落としてから除菌します。

ふきんはマイクロファイバーの物が汚れをきれいに落とせますし、ふきん自体についた汚れも落ちやすいです。とはいえ石鹸で洗うひと手間が面倒という場合には、油汚れはキッチンペーパーで落とすのもよいと思います。

大切なのはふきん類をつねにきれいな状態にしておくということ。キッチンペーパーを使うのは経済的ではありませんが、放置しておくより衛生的ですし、何より自分自身のストレスになりません。気持ちよく台所しごとができること、それはまさにプライスレスです。

マイクロファイバーのふきんは毛羽立たないので食器やグラス拭きにも最適です。野菜やまな板を拭くときは、手ぬぐいを使っています。食材の水気を取るのにキッチンペーパーを使う方もいますが、料理を美味しく作るために、きるべき水気はしっかりきるということが大切なので、かなりの枚数を使ってしまいます。

食器拭きのふきんは鍋で煮沸消毒するので、手ぬぐいも一緒に入れてしまえば洗う手間は変わりません。2～3枚もあれば十分に水分が取れるので、ぜひお試しください。

また、レンジフードも毎日きれいにしていれば、大掃除が楽になります。キッチンペーパーに重曹スプレーを吹きかけてフィルターにくっつけ、換気扇のスイッチをオン。するとキッチンペーパーがフィルターに引っつくのでそのまま3分ほど放置しておくと自然と油が浮き上がってキッチンペーパーに吸収されます。あとは軽く拭いて終わり。

オイルパネルがある場合は、重曹スプレーを吹きかけたキッチンペーパーで拭いておくだけでOKです。コンロの汚れも拭いただけでは落ちなくなっているときは、重曹の粉をふって落とすときれいになります。

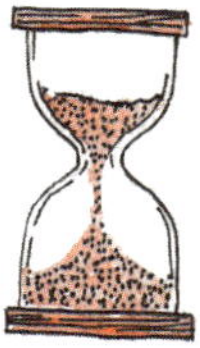

調理してそのまま出せる食器で朝の洗い物を極力減らす

忙しい朝は、できるだけ洗い物を減らしたいのが本音。でも、ちょっとした料理を作るだけでも調理器具や食器類は結構な量になってしまいます。

そこでおすすめなのが、グリル皿。魚焼きグリル用の調理皿はそのまま食卓にも出せるため、洗い物が少なくて済むのです。

我が家ではよく朝食をこのグリル皿を使って、〝のっけトースト〟にしています。のっけトーストはその名の通り、具材をのっけて焼く食パンで栄養面もばっちり。マヨネーズで土手を作ったり、食パンの中央に四角くナイフを入れてへこみを作ることで、卵など流れやすい物ものせることができます。いくつかレシピをご紹介しますが、半端に残った食材などでも作れますのであり物で作ってみてください。

●納豆、チーズをのせて焼き、仕上げにしらすと小口切りにした万能ねぎを散らす。
●耳の少し内側をマヨネーズで囲んで土手を作り、真ん中に卵を落とし、卵の周りにミックスベジタブル（P.86／できれば前日の晩に冷蔵庫に移して解凍しておく）を敷いて焼く。
●残ったポテトサラダやマッシュポテトの上に市販のホワイトソースをかけ、チーズを散らしてとろけるまで焼く。

フレンチトーストもできますし、ウインナーやベーコンなどを焼くのにも使えます。ウインナーに切れ目を入れるとか、ピーマンなどの野菜を切る程度であれば食材をもったままペティナイフで切ったり、はさみで切ればまな板を洗う必要もありません。

ただし、どんなスタイルが便利かはそれぞれの家庭によって多少異なります。家族の人数が多い場合はのっけるのではなくトースターでパンを焼き、おかずをグリル皿で作るほうが効率的かもしれません。

グリル皿はほかにもグラタンを焼いたり、アクアパッツァやパエリアなどの調理もできるので朝食だけでなく幅広く使えます。


また、漬物や佃煮、チーズなどは、そのまま食卓に出せる器に入れておくと、お皿などに移す手間がなく洗い物も少なくなります。

漬物や佃煮などの器には取り出すためのスプーンもついているとなお便利ですが、茶碗蒸しの器などでも大丈夫。チーズはふたつきのココットなどがよいです。

そのまま食べられる大きさに切って入れておきましょう。バターもそのつど切るのではなく、1回分ずつに切ってから容器にしまいます。1個使いきるまでに時間がかかる場合は、半分は切らずに冷凍保存しておくと鮮度が保てます。

また、可愛い木製のカッティングボードはチーズやハム、ローストビーフなどを切り、そのままテーブルに出すことができますし、最近流行りのスキレットもソーセージや卵料理がそのまま出せるので便利です。

朝、どうしても時間がないとき、我が家で重宝しているのは肉まんです。洗い物もほとんど出ませんし、めずらしい朝食に子どものテンションも高くなります。寝坊したとき用などに、いくつか冷凍しておいてはいかがでしょうか。

どうにもならないときでも「あれがある！」と思える一品があると、安心していられるものです。

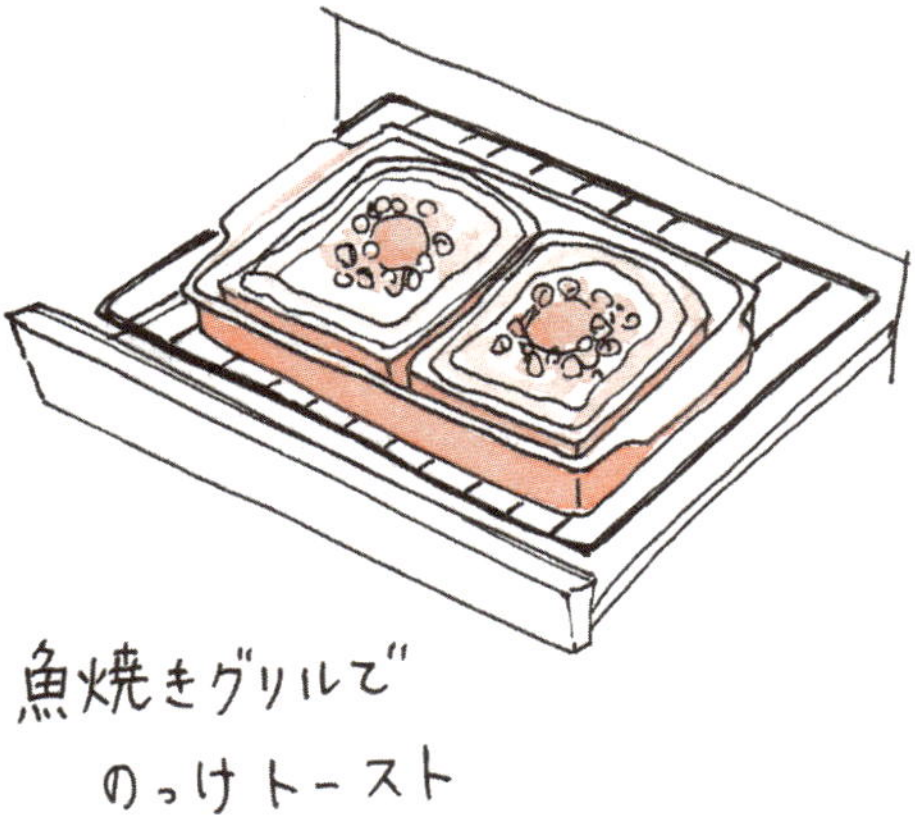

盛りつけに悩まないのはリムが広めの白い大皿

料理はお皿選びや盛りつけ方で、印象が大きく変わります。時間をかけなくても美味しそうに見えるコツを覚えましょう。

ＳＮＳなどを見ていると多くの人が間違えているように感じるのは器選びです。ガラスの透明皿というのは基本的に冷たい料理に使う物なので、サラダや冷たい前菜、冷たいめん類、フルーツなどを盛りましょう。また、透明皿はテーブルが透けて見えるというのが難しいところ。クロスの色や柄まで考慮しなければいけないので、大きな物になるほど、上手に使うのが難しくなります。

逆に**和の椀は温かい料理に使う器**です。冷たい料理に使ってしまうと、違和感があります。

食器にはそれぞれ役割があります。もちろん、そのルールにあえて逆らって使う場合もありますが、それはプロの仕事。まずは基本にしたがって使うのが無難です。

柄のある皿や色がついた皿も料理との相性を考えなければいけない気を遣う器です。たとえば筑前煮のようなさまざまな食材がこまごまと入っている料理は、柄のある皿にはなかなか合いませんし、ビタミンカラーのサラダを黒い器に盛ったら、互いのよいところを打ち消し合ってしまいます。

料理と器の相性を考えるのは、意外と時間がかかる作業です。毎日そんな時間は取れませんから、パッと合わせても失敗が少ない器を用意しておくのがよいでしょう。

失敗が少ないのはやはり白い器です。ふちに色がついているだけでも使うのが難しくなるので、白一色の物がおすすめです。飾りが欲しいのならば、白一色でも立体的な模様がついているような物にしてみてください。

一番便利なのは26センチぐらいの白いディナー皿。その上に置ける深皿やサラダボウルのような物があるとなおよいでしょう。

料理を皿いっぱいに盛ってしまうと、どうしても見苦しくなりますので、大きな皿のほうが盛りつけも簡単です。また、少しずつ、たくさんの料理を出す場合、小皿を上手に並べるのは難しいので、大皿に盛り合わせるのもおすすめです。

大皿の中央に盛りつけるという方法は失敗が少ないのですが、それでもうまくいかないという人は、リムの広い物を選び、リムにはみ出さないように盛りつけると上手にできます。

最近、ＳＮＳ映えする盛りつけやセッティングを聞かれるのですが、料理だけで勝負するのはあまりおすすめしません。皿の縁にソースで曲線を描いたり、飾り切りした野菜を並べたりといったことをされている方もいるのですが、うまくできていないと余計になんだか残念に見えてしまうものです。そのようなデコレーションにこるよりも、スケールつきのまな板を使って、食材を同じ大きさに切りそろえたりしたほうがきれいに仕上がります。料理を飾りたいならトッピング程度に。サラダにナッツやベーコンチップなどを、シチューやポタージュには通常生クリームを使いますが、あまってしまうこともあるのでコーヒーポーションが便利。デザート用にベリー類を冷凍しておくのもよいでしょう。

また、料理の後ろに観葉植物を置いたり、木製のカトラリーを入れるなど、小道具で飾るのも、料理のテクニックが不要なのでおすすめです。

使い捨てスプーンや紙皿は下ごしらえで使って捨てる

アイスやお弁当などを買うともらえるスプーンやフォークなどがあまってしまったら、みなさんはどうしていますか？　もし捨ててしまっているようでしたら、それはとてももったいない。ぜひ料理に活用しましょう。

たとえば特に使い道がないように思える、アイスやヨーグルトなどの小さなプラスチックスプーン。捨ててしまうぐらいであれば、パンにジャムやはちみつを塗るときに使うのはいかがでしょうか。使ったらそのまま捨ててしまえばよいので、その分、洗い物が減ります。

たかがスプーン1本ですが、ベットリとしたジャムを洗い流すのは面倒なので、意外と助かるものです。

紙コップはタレを混ぜ合わせるのに便利です。サラッとしたタレであれば、はじめから保存容器に調味料を入れて、シャカシャカと振るだけで混ざりますが、みそを使った物などはしっかりかき混ぜなければいけません。

それを紙コップの中で作ってしまえば、べったりとしつこい調味料の汚れも気になりません。

かき混ぜるのに、大きめのプラスチックスプーンや割りばしなども使えるでしょう。

紙皿も使い道はいろいろです。肉や魚に、小麦粉や片栗粉などをまぶすときに使ったり、深皿タイプならマリネしておくときにも使えます。

私の場合、紙皿類はホームパーティのときに大活躍します。もちろんそのまま皿として使うわけではありません。子どものパーティには使うこともありますが、大人の集まりは食器もおもてなしのひとつだからです。

でも、パーティの前はやらなければいけないことがありすぎて、食器選びやテーブルセッティングまで十分な時間が取れなくなってしまいます。そこで紙皿や紙コップを下ごしらえに使うことで洗い物を減らし、その時間をおもてなしに使うのです。

パーティなんてしないという人でも、おせちや運動会のお弁当など、一度にたくさんの料理を作らなければいけない場合があるでしょう。そんなときはやらなければいけないことは山積みですから、洗い物は少しでも少ないほうがいいですよね。

もし子どもサイズの小さな紙コップがたくさんあまっている場合は、大人数用のお弁当にも使うことができます。大勢でお弁当を食べる場合、紙皿などに取り分けて食べますが、いろいろなおかずをミックスして小さな紙コップに入れ、それをお弁当箱に詰めれば作るときも食べるときも便利です。

ひとつのコップの中に、唐揚げと小さめに切った卵焼き、プチトマトなどを入れるというイメージです。煮物など汁気が多いおかずも紙コップなので汁もれの心配もありません。デザートもいくつかのフルーツを組み合わせて入れておくと便利なだけでなく、見た目もとても可愛くなります。

もちろん使い終わった紙コップは捨ててしまえばよく、お弁当箱自体はほとんど汚れていないので後片づけも楽ちん。

このように使い捨ての食器はいろいろと便利に使えます。バーベキューなどをしたとき、あまったら捨てずに取っておいてくださいね。

専用に買ってストックしておくのもよいと思います。100円ショップでも買えますから、いろいろとそろえてもそれほど高くはありません。

下ごしらえなどのためにわざわざ買うなんてもったいないと思うかもしれませんが、何度も言うように台所しごとをストレスにしないことはとても重要です。やる気がしないとき、たくさんの料理をしなければいけないとき、下ごしらえは使い捨て食器ですればよいと思えれば、少しはハードルが下がるはず。

わざわざ買わないまでも、お弁当を買ったときなどのプラスチックスプーンやフォークなどは断らずにもらい、専用の袋などにストックしておくと、いざというときに役立ちます。

小さな紙コップを
お弁当に使うと便利！

第5章

動線・物・収納を見直せばはかどる台所になる

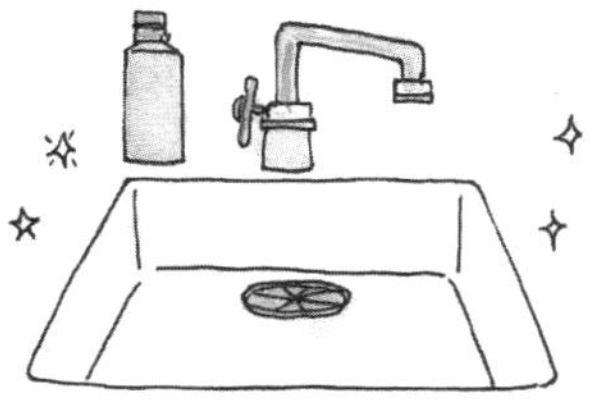

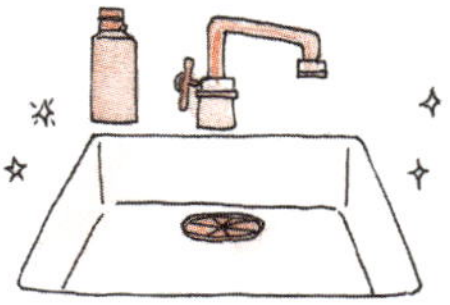

動線に合わせた収納が台所しごとの効率を上げる

台所しごとの効率を上げるには、無駄な動きをなくすということが大切です。そのために必要なのは、収納を動線に合わせるということ。

みなさんのキッチンの収納には、どのようなルールがありますか?
調味料は調味料のスペース、調理器具は専用の場所とカテゴリーごとに収納されているのではないでしょうか。

鍋などの調理具はコンロ下にあるべきなど、決めつけてはいませんか? 調理具はコンロ下に片づけるといった一般的な収納場所は、ある程度理にかなっていますが、理想的とは限りません。

私も鍋やフライパンはコンロ下にしまっています。理由は言うまでもなく、コンロで使うからです。しかし、主に野菜の下茹でなどに使う雪平鍋は必ず水を入れてから使うので、シンク下に収納しています。

そうしておくだけで、雪平鍋を取るためにコンロまで行き、シンクまで運ぶという動作を省略することができます。

コンロからシンクまでたかが数歩と思われるかもしれませんが、それがキッチン全体になるとまるで効率が違ってきます。

動線を考えて収納をすると、それまでひとつだったものが、複数あったほうが便利な場合もあります。

たとえば塩。私の場合は、コンロの近くにふたつと作業台にひとつ、置いてあります。コンロの近くにふたつあるのは、青菜やパスタを茹でるときに大量に使うための塩と、料理の味つけに使う塩を分けているため。

茹でるときの塩は大量に必要なので、あら塩や食塩などリーズナブルな塩でかまいません。一方で、味つけをするときの塩は、塩自体の味がよく、きめ細かで食材全体にまんべんなくかけられる物が理想的です。

作業台にある塩は主に肉や魚の水出しに使うので、こちらもリーズナブルな塩を置いています。

自分に合った収納を考えるために、まずエア調理をしてみてください。よく作る料理を想定して、冷蔵庫から食材を出し、切るなどの下ごしらえをして、加熱し、味つけという、一連の作業を〝エア〟で行ってみると、どこに何があると便利なのかが見えてきます。

食器もカテゴリーでまとめず、よく使う物を出しやすい場所にしまってください。とはいえ使わない食器を取り出しにくい場所にしまうと、そのまま半永久的に使われないことになりかねません。定期的に場所を入れ替え、気分を変えてみましょう。

ちなみにキッチンが狭いと感じている人は、食器棚は別の場所に移すことも考えてみてください。キッチンが狭いとか収納の造りが不便など、どうしようもないと思える問題も、考え方ひとつで改善できる場合もあります。

エア調理をしないまでも、ふだん台所しごとをするときに、「何でこれはここにしまったんだろう?」とか、「もっと作業しやすい場所は作れないかな?」というように、自分の動きひとつひとつを改めて考えてみることが、はかどるキッチン作りにつながります。

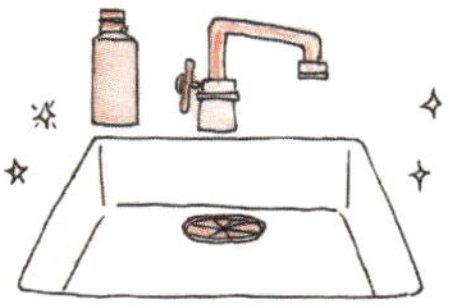

同じタイミングで使う物は何でも一緒に収納しておく

収納場所を考え直すときに、ひとつ意識してほしいのは、物は種類ごとに集めるのではなく、使うタイミングごとに集めるということです。

一時期、息子がおにぎりにこっていた時期がありました。その時期は、何があろうと毎朝おにぎり。そこでおにぎり用のプラスチックボックスを用意し、必要な物はすべてそこに収めることにしました。

ビン詰の佃煮や梅干しなどの具、それを取り出すためのスプーン、海苔、海苔を可愛い形に切るためのはさみやパンチ、塩、ふりかけ、小さな丸いおにぎりを作る器具といった物です。

それをどこに収納するかというと、佃煮や梅干しがあるので当然冷蔵庫の中です。この2品以外は要冷蔵品ではありませんが、はさみやパンチも一緒にまとまっているということが大切なのです。

そうでないと冷蔵庫から佃煮や梅干しを出し、調理用具入れからはさみなどを出し、調味料入れから塩を出し、いざ作り始めたらふりかけがないと乾物置き場に戻り……といったように、無駄な動きが多くなります。おにぎりを作るためには何が必要かということを考える必要もありません。

おにぎりを作り終わったら、スプーンなど使い終わった器具を洗ってボックスに入れて再び冷蔵庫へ戻すだけ。

このようにある程度使う物が決まっていたら、セットしておくと便利です。たとえば朝にパンを食べる家なら、バター、バターナイフ、ジャム、スプーン、チーズ、ハムといった物をすべてセットしておくのです。毎朝食べるならヨーグルトとそのスプーンをセットしておくというのもよいでしょう。

そうすれば朝、パンをトーストし、そのボックスをサッと出すだけです。

ヨーグルトやジャムなどに使うスプーンは、いちいち洗って戻すのも面倒なので、10本ぐらいまとめて1つにしておくこともあります。100円ショップで売っている5本で1セットのようなリーズナブルな物でよいのです。

洗うのさえも面倒ならば、50本100円ぐらいで売られている使い捨てのスプーンでもいいでしょう。朝の貴重な時間を節約できるなら、安い買い物。

パンを焼くことが多いなら、イーストやバターなどをまとめておけば便利ですし、朝はご飯と決めているならいろんな種類のご飯のおともがまとめてあるだけでも助かります。

冷蔵庫の中にそういった専用ボックスを作るなら、取っ手がついて引き出せるボックスが便利です。ボックスが複数並ぶようならラベリングもお忘れなく。

使うタイミング別の収納は食べ物だけに限りません。包丁を使うときには必ずまな板も使う物ですから、一緒にあれば取り出しが早くなりますし、おぼんは食器棚に入っていたほうが便利かもしれません。

カテゴリーではなくタイミングによって分けると、スプーンが冷蔵庫にしまわれるというような常識はずれなことも出てきますが、あなたのキッチンの常識はあなたが決めるものですから、便利ならそれでよいのです。

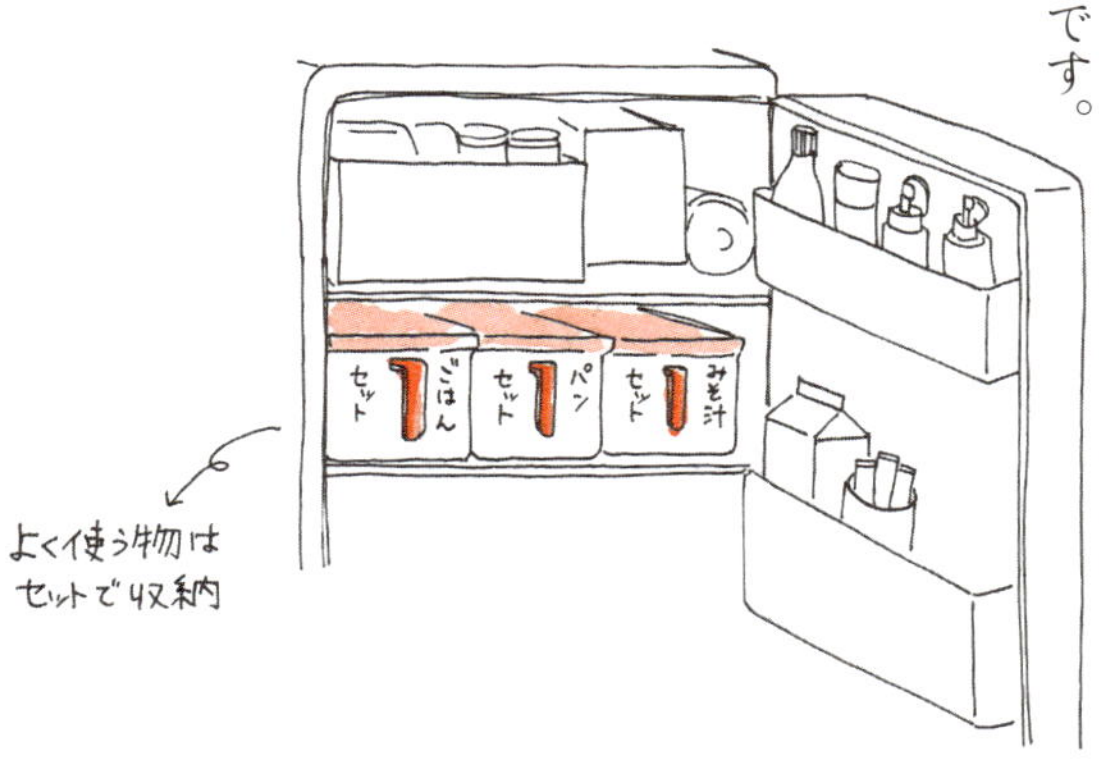

冷蔵庫の中に専用ボックスを作る

台所と冷蔵庫がスッキリするまでいらない物を毎日3個捨てる

台所しごとがはかどらない理由のひとつは、物の多さです。

いろんな物を積み重ねて収納していると、何かを出し入れするのにいったん置いてある物を出さなければいけなかったり、行方不明になって探してばかりいたり。物が引っかかって引き出しがスムーズに開かなかったり、頭上の棚のトビラを開けたら物があふれ出てきたり……。そんなキッチンではストレスばかりがたまって、効率アップは望めません。

気持ちよく台所しごとをするために、必要のない物は思いきって捨てましょう。

ルールとして提案したいのは「調理道具は覚えている物だけ残す」ということです。実物を見なければ思い出せない物や2〜3年使っていない物は、あなたにとって必要のない物。

一時の気の迷いで買ったものの、ずっと同じ場所で眠っている便利グッズはありませんか？　私もアボカドカッターやにんにくのみじん切り器など、包丁で代用してもまったく問題がない調理道具をあるとき思いきってすべて処分したら、キッチンがとってもすっきりしました。

調理器具が多すぎるというケースもあります。一般家庭でおたまが5個あるとかざるが7つも8つもあるなんて、どう考えても不要です。そこまで大げさでなくても調理器具が多すぎる家庭は多いので一度見直してみてください。一般家庭では、次に挙げるぐらいの数でだいたいの料理はできます。

・フライパン……大小2個
・鍋……大きめひとつと軽い雪平鍋をひとつ

・おたま……大・中1本ずつ。丸いタイプよりも片側が尖った横口タイプがおすすめ
・耐熱ゴムベラ……2本
・菜箸……形、長さが同じ物を3膳
・包丁……大・中1本ずつとペティナイフ1本
・まな板……抗菌性の大きな物が1枚とシート状の小さめの物が2枚
・ざる……大・小ひとつずつ
・ボウル……大中小を1セット（スタッキングできる物を）

これにプラスして計量スプーンや計量カップ、秤《はかり》などプラスアルファのアイテムが必要になりますが、そちらは必ずしも必要な物とは限りませんので、自分なりに見直してみてください。

まとまった時間を取ってやる必要はありません。台所がすっきりするまで毎日いらない物を3個捨てようなどと決めればOK。同じ方法で冷蔵庫の中もきれいに片づけましょう。消費・賞味期限ぎれの物、食べるのに不安な物は迷わず処分です。

まだ使える物を捨てるのはもったいないかもしれませんが、人にあげるのはおすす

めしません。あなたが必要だと思えなかった不便な物をあげても、相手は困るだけだからです。

「いつか使うかもしれない」もキッチンスペースを圧迫します。

紙袋やジャムなどの可愛い空きビン、お土産などでいただく可愛いお菓子の缶、ケーキのロウソクやパーティ用の三角帽などなど。

こういった物のたちが悪いところは、捨てた途端に必要になることです。そうなると「やっぱり捨てたらダメなんだ」と再びため込み始めてしまいますが、実際に必要になるのは捨てた直後のその1回だけだったりします。

ですからこの1回を乗りきるためにも、数を決めて取っておきましょう。紙袋なら大中小各3枚ずつとか、レジ袋は10枚までといったようにするか、もしくは小さめの収納ボックスひとつ分などと、処分するラインを決めてしまいましょう。

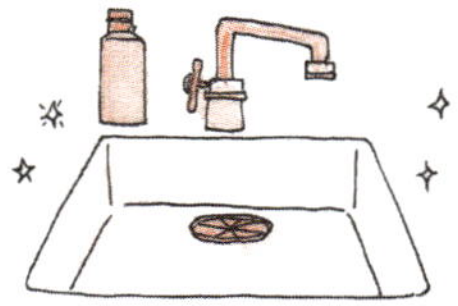

便利グッズを導入してモチベーションを高める

いらない物は迷わず捨てる一方で、必要だと思える物は迷わず買ってよいと思います。もちろんネットでの口コミなどを吟味して、本当に必要かどうかを考えることは必要ですが、便利そうだと思えば試してみる価値はあります。

特に時短料理につながる物はこれという物が見つかると、台所しごとが劇的に変わりますので積極的に探してほしいとも思います。

私は「シャトルシェフ」という保温調理鍋を重宝していますが、人によっては圧力鍋や電子レンジ用調理器、スチームオーブン、ノンフライヤーといった物のほうが便利かもしれません。

要は自分がコンロの前にいなくても（もしくは長くいなくても）、勝手に料理を作れるような調理器具がひとつあると大きく時短できることです。

フードプロセッサーも時短を叶えてくれる調理器具です。ただしまとめて調理をして作りおきをしておく人や家族が多いなど、一度にたくさん料理をする人でないと、洗うのが面倒くさくなってしまい使わなくなることも多いので、料理のスタイルと照らし合わせて考えるようにしてください。もし使わないとなると、値段はそこそこする上に、重くて大きな厄介者になります。

もし、まとめて調理する人であれば、フードプロセッサーはとても便利な調理器具です。玉ねぎ1個のみじん切りはたったの10秒。ハンバーグなどをこねるのもお手のものなので、2回分ぐらいをまとめて作っておいてもまったく手間はかかりません。

本書ではまとめ調理での時短をすすめているのでぜひ実践してみてください。

それほどの量は必要ない方は、小型のミキサーが便利です。1～2人分のヴィシソワーズを作りたいとか、ドレッシング用に玉ねぎをすりおろしたいといったときに役立ちます。小型のミキサーは固形物を粉状にする機能がある物も多いので、だしやふりかけを作ることもできます。

大型のミキサーは洗ったり拭いたりするのに少し時間がかかってしまいますが、小型のミキサーなら朝のスムージーなども気軽に作ろうと思えます。

また、P.155・156で紹介した最低限必要な調理器具のように、料理に欠かせない調理器具はよい物を使うと料理がしやすくなり、美味しく作れるようにもなるので見直してみましょう。

たとえば耐熱ゴムベラはフライパンで料理をするときに、木べラと違ってソースを残さずぬぐうことができるのが特長ですが、へラにこしのない安物を使ってしまうとうまくぬぐうことができません。甘辛いソースなどはほんの一瞬の差で焦げつくので、**ぬぐいたいときに残さずぬぐえる、しなやかなゴムベラ**をそろえておきましょう。

菜箸はなぜか長さが違う3膳などが1セットになっていたりしますが、いざ使うときにペアが見つからなくてイライラすることもあります。だからといって左右が紐でつないである箸も使い勝手が悪くてイライラ。

キッチンのプチストレスは排除しなければいけませんので、菜箸はすべて左右同じ物で用意しておくのが理想的です。私の場合は菜箸ではなく、長めの箸を3膳用意して使っています。短くてもよいのであれば割り箸でもかまいません。とにかくどう組み合わせてもよいようにしておきましょう。

収納グッズなどを使ってみたものの、デッドスペースができてしまったり、思ったよりも便利にならなかったりといったこともあります。それでも一度買ってしまうともったいなくて、不便をがまんして使い続けてしまいがちです。

一度で理想的な形にすることはなかなか難しいと思っていたほうがいいでしょう。イメージと実際に使ってみた感じとでは違って当たり前なのです。そのつど、もっとよい方法がわかってくるはずなので、イマイチだと思ったら収納グッズも一新することで少しずつ理想のキッチンができあがっていきます。

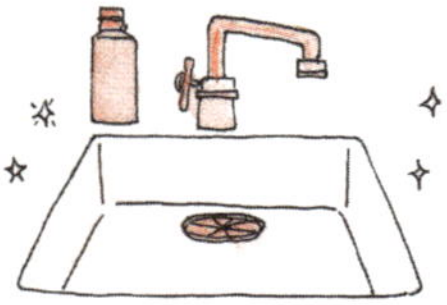

スポンジ置きや水切りかごは不要！何も出ていないシンクにする

基本的に台所は物が出ていない状態にしておきましょう。物があればあるほど、掃除がしにくくなるからです。それは部屋でも同じことがいえますが、特に台所は水や油などの汚れが飛び散るので、出している物がどんどん汚くなり、その汚い物が出ていることでせっかく掃除をしてもきれいに見えなくなっていくのです。

逆に物がなければ、台もシンクも壁もサッと拭くだけできれいになります。楽にできるので掃除が楽しくなり、どんどんきれいになるというグッドスパイラルになります。

まずは台所に立ち、何が出ているかを確認してみましょう。

よく外に出ているのが調味料類です。塩、こしょう、砂糖、スパイスといった物が出ていませんか？　スパイスラックに入っている場合、スパイスラックをよく見てみましょう。ほこりがたまっていないようでしたら、掃除がいきとどいているということなのでそのままでもよいかもしれません。しかし、油汚れの上にほこりがこびりついているような場合はスパイスラックを捨てる方向で考えましょう。

調味料類は味つけに使うため、コンロの近くにあるのが便利なので、その横の引き出しなどが理想の収納場所です。引き出しのスペースがないかもしれませんが、先ほど紹介したように調理器具をもちすぎている可能性があるので見直してみてください。いらない物を処分し、上手にまとめれば引き出しひとつ分ぐらいは空くのではないでしょうか。

小さな棚に取っ手がついたケースが入っている塩、砂糖入れのような、引き出しタイプの調味料入れは買い替えが必要です。引き出しの高さに合わせた筒状の調味料入れが売られているのでそういった物を選びましょう。

引き出しを開けたらすぐに何がどこにあるのかわかるよう、ラベルを貼っておくことも大切です。よく使う塩、砂糖、小麦粉、片栗粉などは計量スプーンを入れておくのもおすすめ。小さじを入れておけば、大さじで必要なときには3倍の量を入れればOKです。


調理器具をつるし収納している方もいますが、食事に使う物なので、外に出しっぱなしにするのはおすすめできません。特にコンロ周辺の壁におたまやフライ返しなどをつるしておくのは油汚れするのでやめましょう。

これらの物も断捨離すれば収納するスペースができるはずです。最低限の調理器具しかないという人でも、ジッパーつき保存袋をかさばる箱から出して輪ゴムでまとめて収納するとか、詰め替え用の洗剤類を台所ではない場所に移すといったことをすればスペースができます。詰め替え用など、すぐに使わない物はどこにあるのかわかるようにさえしておけば、台所にある必要はありません。

シンクも何も出ていない状態を目指しましょう。ハンドソープぐらいは出ていてもかまいませんが、スポンジや食器洗い用洗剤も使い終わったらしまいましょう。そういった物はすぐに底がドロドロになるなど、汚れやすいからです。スポンジ置きは掃除も大変になるだけです。

洗剤は周りを拭いてそのまましまえばよいのですが、問題はスポンジです。スポンジは使い終わったら洗って除菌し、よく絞り、つるして収納するようにしましょう。シンク下の収納棚などに突っ張り棒をするなどして、洗濯バサミをつるしてはさむと簡単です。

シンク下が使えない造りのキッチンのときは、コンロ脇の調味料入れの引き出し下段をスポンジ収納に使っていました。とにかく乾燥させることが大切なのでつるし収納が基本です。

水切りかごもできればなくしてしまいましょう。折り畳み式のトレイタイプや吸水シートタイプを選び、使用後はしまうようにするととってもすっきりします。

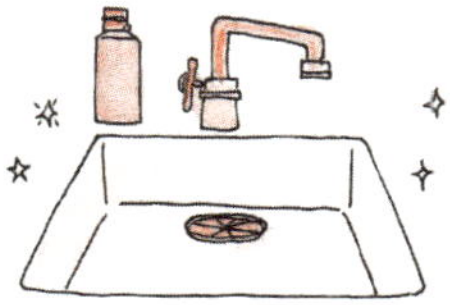

保存容器は重ねて収納できて、どこでも買える物に統一する

キッチン収納の厄介者のひとつといえる保存容器。誰かがおかずを作ってくれるなどして形や大きさがバラバラな物が集まってきて収拾がつかなくなっていませんか？保存容器はスタッキングできないと、無駄にスペースを取ってしまうため、かなりの場所を占拠します。そのためあまり使わない頭上の棚などにしまい込まれることになり、それがあるときバサバサと頭の上に降ってくるといった事故を引き起こします。

そのような保存容器はすべて処分しましょう。くれた人がわかっている物はお返しします。返しづらいならお礼の料理を一品入れて返してもよいでしょう。

そして今後は保存容器に入れて何かをいただいたら、人別に袋を作ってそこへ入れていきます。よそからきた保存容器は長居させない、をモットーに。

残しておいてもよい物、新しく買うときに選ぶべき物はスタッキングできる物です。同じシリーズで買えばだいたいはスタッキングできるはず。

そのルールさえ守ればどんな物でもかまいません。私の場合はジップロック®コンテナーを使っています。さまざまな大きさがありますが、すべてをまとめて収納できるのが便利なのです。そしてどこでも買えるという利点があります。

新しく買い足したくてもなかなか買えない物だと結局違う物を買うはめになり、また保存容器の収納地獄に落ちるので注意しましょう。

作りおき料理を長く美味しく保存するには、なるべく空気に触れさせないということと、清潔な容器で保存するということがポイントです。

ほうろうやビンなどの密閉性が高い容器を使うというのもよいのですが、パッキンの細かい部分まできれいに洗うのが大変。その点、ジップロック®コンテナーは簡素な造りで洗うのも簡単です。

その分、空気に触れやすいともいえるのですが、作りおきした料理を食べて量が減ったら小さな容器に入れ替えているので問題ありません。また、乾燥しやすい物などは保存容器の中で落としラップすればＯＫです。

さらにいえば少し雑に扱っても割れたりヒビが入ることもなく、扱いやすいという利点もあります。

もちろんだからといってジップロック®コンテナーが最高だと言っているわけではありません。キッチンスタイルは人それぞれ。保存容器のまま食卓に出すならほうろうなどのきれいな物がよいでしょうし、便利な大きさも人によって違います。

大切なのはコンパクトに収納できて、自分のスタイルに合った保存容器をそろえておくということ。

保存容器同様に、お弁当箱もかさばってスペースを取る問題児です。細長い物もあれば幅広い物もあるというように、形がバラバラだと余計に収納しづらいので、形は統一すると決めてしまいましょう。

我が家の場合、わっぱ弁当箱にしています。それぞれ大きさが違うため、入れ子のようにまとめて収納することができます。洗ったあと完全に乾かすまでに時間がかかるなど、お手入れに手間はかかるのですが、夏は中身が傷みにくく、冬はご飯が固まりにくいなど、メリットがたくさんあるのでとても気に入っています。

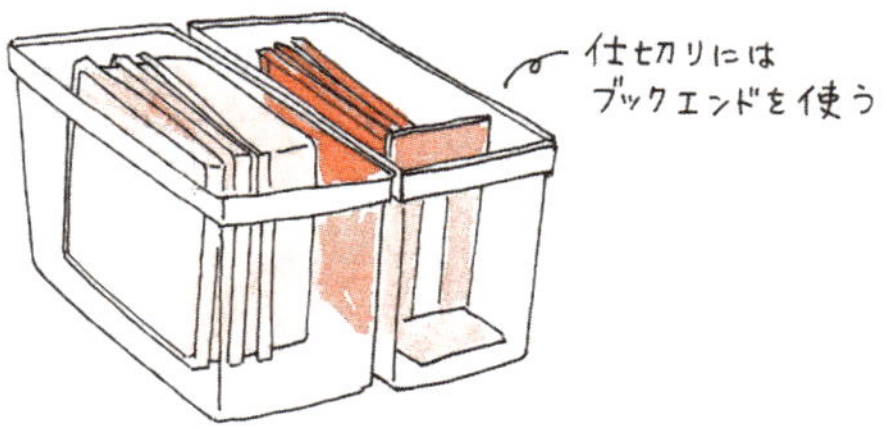

保存容器はスタッキングできる物を使う

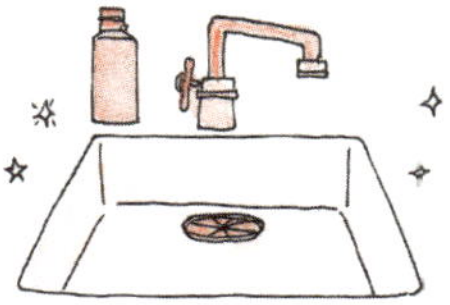

備蓄の食品や調味料などを無駄にしない工夫

捨てるに捨てられず、ほかの場所にもなかなか移せないというのが備蓄食品です。インスタントラーメンや缶詰類など、みなさんはどのように収納しているでしょうか。

経験のある方も多いと思いますが、インスタントラーメンは意外と賞味期限が短いので、うっかりしているときれてしまいます。一方で缶詰は災害時のための備蓄を兼ねていることが多いため頻繁に入れ替わらず、賞味期限が長い分、こちらも気づいたときにはもう期限ぎれになっていることもあります。

また、予備のマヨネーズやソースなども隠れてしまって気づかず新しい物を買ってしまい、そちらから使い始めてしまったということはありませんか。

このようなもったいないことを防ぐために、まずは備蓄品も簡単でいいのでリスト化しましょう。さらにストックする際は100円ショップなどに売っている、書類をしまうための幅10センチぐらいの透明ボックスのような物に入れてから棚にしまってください。こうしておくとボックスの外側からでも何が入っているのかすぐにわかります。高い場所に置く場合には取っ手つきの物にして、取り出すのが面倒ではないようにしてください。

開封した調味料も、定期的なチェックが必要です。特にふだんあまり使わないような物は1回使っただけで賞味期限を迎えるといった悲しいことになりがちです。

使わない調味料はどうすればよいかというと、〝使う料理を作る〟のです。当たり前すぎるかもしれませんが、調味料に合わせて献立を考えるということです。

トウバンジャン、コチュジャン、ナンプラーなどなど、その調味料の名前を検索すればいくらでもレシピが出てきます。冒頭で検索するなと言いましたが、このような場合は例外。味のイメージもしづらく失敗しやすいので、検索して何を作るか決めましょう。

ひとつだけ、検索しなくてもだいたい美味しくなる便利なレシピを紹介しましょう。**ずばりマヨネーズと混ぜるということ。**それだけです。

マヨトウバンジャンにマヨコチュジャンなど、マヨネーズと混ぜるだけであら不思議！　便利な調味料に早変わりします。ぜひ、炒め物やディップソースとして使ってみてください。

またスパイス類は賞味期限がきれても、フライパンで乾煎《からい》りすると香りが戻ってきますので捨てないでください。

フレッシュのハーブもあまりがちですが、そのまま冷凍保存してしまえばいつでも使えます。また、オリーブオイルに漬けて、ハーブオイルにするのもおすすめです。どんなハーブでもできますし、数種類を組み合わせるとさらに美味しくなります。

同時ににんにくを１〜２片、月桂樹を１枚一緒に入れるのもおすすめです。

肉や魚をハーブオイルで焼くと塩をふるだけでとても美味しくなりますし、ドレッシングにも使えます。

ビンを煮沸消毒するのが面倒な人は、小さなオリーブオイルを買ってきて、そのままそこにハーブを漬け込んでしまうと簡単です。

断捨離は大切ですが、食べ物を無駄にすることのないように工夫していきましょう。

購入したオリーブオイルに
そのまま漬け込めば簡単

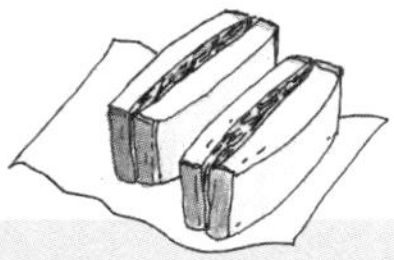

おわりに

「この料理は簡単に作れます」と誰かが言ったとしても、私はそんな料理なんてないと思っています。

簡単だと言っても、料理は食べる人の体調のことを考えて献立を決め、買い物リストを作りスーパーに行く〝時間〟もかかってきますし、自分の自由な時間も減る一方だからです。寒い日にシチューを作るにしても、玉ねぎとじゃがいも、にんじん、お肉、そして牛乳にソフトドリンクに……帰りは腕が引きちぎられそうなくらい荷物が重くなり、運ぶのもひと苦労です。

買ってきたら冷蔵庫に食材を収納して、台所に立ったら野菜を洗って皮をむいて切って、加熱して、調理器具の洗い物をして。そう……いくら手間がかからない家庭の簡単料理の代表選手だって、実は簡単ではないのです。

でも、「ごはんを作ることは苦手、つらい、嫌い」とネガティブな感情で携わると、心身ともに健康でいられません。だからといって、急にはポジティブな感情に切り替えることはできないものです。

それでも、少しずつでも負担が減っていくと、ストレスも減って時間も生まれ、楽しみも増えるようになります。すると、台所に立つ感情が自然とポジティブな感情へと変化していくのです。

たまに外食やデリバリーもいいけれど、やっぱり手料理は温かく、ホッとできます。手料

おわりに

理は、食べる人に幸せを届ける一番の愛情表現だと私は思います。そして、笑顔で料理を作ることが、一番の美味しくなる調味料だと、心から信じています。

小さいころ、ほとんどの女性はおままごとをして遊ぶのが大好きだったはずです。トントントンと野菜を切るふりをして、「ごはんよー!」と家族を呼び、「美味しいわね」と笑顔でごはんを食べる。

これが、本来のあなたの理想像、〝楽しい料理の姿〟なのでは、と思うのです。

料理人を目指して10年。母になって5年。

まだまだわからないことや失敗も多く、つねに勉強の日々です。

これから自分自身の料理はどう変化していけるのか?

もっと効率よく台所しごとをこなし、完成度を上げていけるのか?

きっと私がおばあさんになるまで、この悪戦苦闘は続くに違いないのですが、日々よろこびを見つけながら作る食事や楽しみながら作業効率を考えることは、とてもやりがいがあり、楽しいことです。

最後にこの本に関わってくださったすべての皆様に深く御礼申し上げます。

この本が読者の皆様のお役に立ちましたらこんなに嬉しいことはありません。

最後まで読んでくださり、本当にありがとうございました!

2017年12月　高木ゑみ

高木ゑみ Emi Takagi

料理家。慶應義塾大学在学中からさまざまなレストランの厨房で修業を開始し、2009年3月に「エコール辻東京」辻フランス・イタリア料理マスターカレッジを卒業。主宰する料理教室は、豊富なノウハウが詰まった独自のレッスンが人気で予約の取れない教室となっている。また、企業向けレシピ開発や出張料理、離乳食講座も請け負っている。著書に『考えない台所』（サンクチュアリ出版）、『もう献立に悩まない』（マガジンハウス）、『毎日らくちん「万能菜」』（宝島社）、『やる気の続く台所習慣40』（扶桑社）などがある。
公式ブログ「本日のおもてなし料理」https://ameblo.jp/laterier-de-emi/
Instagram@emi.takagi

Writer 鷲頭文子（Wild Berry）
Designer 西垂水敦・坂川朱音（krran）
Illustrator Nozomi Yuasa
Executive producer 谷口元一（ケイダッシュ）

はかどるごはん支度
2017年12月20日 第1刷発行

著 者 高木ゑみ
発行者 見城 徹
発行所 株式会社 幻冬舎
〒151-0051 東京都渋谷区千駄ヶ谷4-9-7
電 話 03-5411-6211（編集）
03-5411-6222（営業）
振 替 00120-8-767643
印刷・製本所 株式会社 光邦

検印廃止

ISBN978-4-344-03235-4 C0095

幻冬舎ホームページアドレス http://www.gentosha.co.jp/

この本に関するご意見・ご感想をメールでお寄せいただく場合は、
comment@gentosha.co.jp まで。